青少年优秀科普读本

走近在川两院院士丛书

中国科学院院士 张景中 传

大道无垠

乐静 著

四川科学技术出版社
·成都·

图书在版编目（CIP）数据

大道无垠：中国科学院院士张景中传 / 乐静著. ——成
都：四川科学技术出版社，2018.12
（"走近在川两院院士"丛书）
ISBN 978-7-5364-9314-8

Ⅰ.①大… Ⅱ.①乐… Ⅲ.①张景中－传记
Ⅳ.①K826.11

中国版本图书馆CIP数据核字（2018）第269505号

"走近在川两院院士"丛书

大道无垠
——中国科学院院士张景中传
DADAO WUYIN——ZHONGGUO KEXUEYUAN YUANSHI ZHANGJINGZHONG ZHUAN

著　　者　乐　静

出 品 人　钱丹凝
责任编辑　杨晓黎
装帧设计　李亘乐
责任出版　欧晓春
出版发行　四川科学技术出版社
　　　　　成都市槐树街2号　邮政编码 610031
　　　　　官方微博：http://e.weibo.com/sckjcbs
　　　　　官方微信公众号：sckjcbs
　　　　　传真：028-87734039
成品尺寸　170 mm × 240 mm
印　　张　9.25 字数 90千
印　　刷　四川嘉乐印务有限公司
版　　次　2019年8月第1版
印　　次　2019年8月第1次印刷
定　　价　58.00元

ISBN 978-7-5364-9314-8

邮购：四川省成都市槐树街2号　邮政编码：610031
电话：028-87734035

"走近在川两院院士"丛书出版发行之际,欣逢新中国成立70周年。

新中国成立70年来,在党中央、国务院的坚强领导下,四川历届党委、政府带领全省各族人民攻坚克难、砥砺奋进,全省经济实力大幅提升,城乡面貌脱胎换骨,人民生活翻天覆地,谱写了四川由经济大省向经济强省跨越、由总体小康向全面小康跨越的壮美画卷。

新中国成立70年来,四川历届党委、政府深入贯彻落实国家科教兴国战略、人才强国战略和创新驱动发展战略,坚持科技创新和制度创新双轮驱动,强力推进全面创新改革试验,推动全省科技实力和创新能力大幅提升,构建了由科技大省向科技强省加速迈进、以创新驱动引领新旧动能加速转换的良好格局。

在谱写中华民族伟大复兴中国梦四川篇章的生动实践中,以在川两院院士为代表的四川广大科技工作者,发扬心有大我、至诚报国、求真务实、锐意创新、勇攀高峰、无私奉献的科学精神,不辱时代使命,不负人民期望,勇于担当民族复兴大任,勇于挑战前沿科学问题,持之以恒加强基础研究,积极投身创新创业创造，推动了关键技术难题在川不断突破，科技创新捷报频传，科技成果蓬勃涌现，为四川经济社会发展提供了强劲的科技支撑。

站在新的历史起点，党的十九大作出了加快建设创新型国家、建设现代化经济体系等重大部署，中共四川省委十一届三次、四次全会提出了实施"一干多支"战略、推动高质量发展、推动治蜀兴川再上新台阶等重大任务，为包括广大科技工作者在内的全省人民积极投身全面推进改革发展和现代化建设的生动实践，提供了施展抱负的广阔舞台、指明了创新发展的前进方向。

发展号角声声催人奋进，历史重任亟待广聚英才。加快推动四川转型发展、创新发展、跨越发展，迫切需要培养造就一大批具有国际水平的战略科技人才、科技领军人才、青年科技人才和高水平创新团队；迫切需要面向社会公众树立创新典范、弘扬科学精神，引导社会公众树立科学思想、尊崇科学大师，更广泛地营造有利于创新创业、创造创优的良好社会氛围。

两院院士是国家设立的最高学术称号，也是我国科技人才队伍的杰出代表。习近平总书记在中国科学院第十九次院士大会、中国工程院第十四次院士大会上曾饱含深情地说，两院院士是国家的财富、人民的骄傲、民族的光荣，他们为祖国和人民作出了彪炳史册的重大贡献。大力宣传两院院士爱国敬业、无私奉献的先进事迹，广泛弘扬两院院士孜孜求索、勇攀高峰的优良传统，引导广大青年科技工作者学习先进榜样、激发创新热情，是全社会的共同责任。

2012 年，中共四川省委组织部、省科技厅、省科协联合启动开展了"走近在川两院院士"大型专题宣传报道活动。四川科技报社及《科幻世界》杂志社组织采访团队，经过数载的艰辛工作，采集了大量第一手权威资料，并以报告文学、人物通讯、人物专访等体裁，集中展示了在川两院院士风采。这套丛书的编辑出版，既充分展现了在川两院院士成长经历中一个个感人肺腑的故事，也真实记录了在川两院院士在中华大地上铸就的一座座科技创新的丰碑。我们相信，这套丛书的出版，不仅可以让读者从中一窥两院院士波澜壮阔的人生历程、爱国敬业的崇高风范，也可以深切感受我省科学发展、技术进步的艰难历程和辉煌业绩，还将对引导社会公众践行社会主义核心价值观，树立学科学、爱科学、用科学的良好风尚，激励社会公众为建设世界科技强国而不懈奋斗产生重要影响。

本书成稿于 2013 年，因一些客观原因直至今日才得以出版，在此向院士及家属深表歉意。

本书稿内容得到了院士及其家属的认可。同时，如采写的内容中有不妥之处，敬请读者批评指正。

古之所謂豪傑之士必有過人之節人情有所不能忍者匹夫見辱拔劍而起挺身而斗此不足為勇也天下有大勇者猝然臨之而不驚無故加之而不怒此其所挾持者甚大而其志甚遠也

節錄東坡留侯論 劉亮好

勇者的真谛

张
景
中
院
士
简
介

　　张景中，1936 年 12 月出生于河南省开封市。1954 年进入北京大学数学力学系学习。1985 年起在中国科学院成都分院工作，现任中国科学院成都计算机应用研究所名誉所长、广州大学计算机教育软件研究所所长、重庆邮电大学计算机科学与技术学院院长。1995 年当选为中国科学院院士。

　　张景中院士主要从事机器证明、教育数学、数学教育软件研发等领域的研究。他创立了"几何定理机器可读证明"的原理和算法；提出"教育数学"的思想和方法；以面积法为核心创立了平面几何新体系；撰写了大量的科普读物，其作品先后两次获得"国家科学技术进步二等奖"。1990 年被中国科普作家协会审定为中华人民共和国成立以来贡献突出的科普作家之一。此外，他研发了我国第一款专业的数学教育软件"超级画板"，为中国基础数学教育改革作出了重要的贡献。

删繁就简科普论著惠大众

推陈出新教育数学谱华章

张景中先生教育数学恩泽学子

邛崃市平乐中学赖虎强敬颂

癸巳秋
胡立嘉书

四川著名书法家胡立嘉为张景中题字

目录

青春·祭奠

　　年华终究会逝去，但青春是永远萦绕在心头的不朽情愫；尤其当它激荡在一个全新的天地，大概世间没有任何事能阻止那喷薄而出的伟大力量。

　　儿时的美好记忆，温暖着他奋斗的一生——没有鲜衣怒马，仍是志向千里的翩翩少年。张景中不会料到，进入大学后不久居然会和华罗庚先生产生交集，而这样的交集带给自己的是对科学的敬畏和痴迷。弥漫着琅琅书声的校园、一起学习游玩的同窗好友以及对未来蓝图的憧憬和规划，构成了青年张景中心里那一幅绚烂宏伟的写意画。

　　台湾地区学者齐邦媛女士曾在《巨流河》一书中这样写道："回应时代暴虐和历史无常的最好办法，就是以文学书写超越政治成败的人与事。"文字的功能不仅在于记录，更重要的是反思。历史的种种真相也告诉我们：风雨雷电之后一定是一个洁净明亮的天空。

　　那是一个最好的时代——理想与锋芒，百花齐放；那是一个最坏的时代——依然感激它，锻造出了如此坚毅的灵魂。

北京大学未名湖

第一节　相聚未名湖

青春迎面走来，成为我和大地，开天辟地，世界必然破碎。

——海子《太阳·弥赛亚》

每一所学校总有自己的标志性建筑或景点，尤其是人们印象中那些遥远的学术殿堂。就像康桥和基督教会学院，前者已然被徐志摩幻化出一派诗意化的学术具象；后者更是借助《哈利波特》系列影片被世人熟知。

作为北京大学的象征，未名湖在变迁的岁月中被寄托了一种深厚的情结。这个始建于清朝乾隆年间的人工湖，属于乾隆赐予和珅的淑春园的一部分，"未名湖"其名出自北大教授钱穆，独独因为"未名"，令它名扬天下。

1954 年 9 月，张景中凭借优异的成绩考入北大数学力学系，成为该系 54 级 200 多名新生之中的一个。如此数量的新生在当时北大数学系的历史上是绝无仅有的，新生们的水平也是空前的——从这个系里走出了七名院士：张恭庆、周巢尘、胡文瑞、张景中、王选、刘宝镛和朱建士 [1]。

北大是张景中的第一志愿。在填选专业的时候，虽然张景中对数理学科都很喜欢，但只能择其一，而想到这些学科都离不开数学，于是他就报考了数学力学系，就读于 54 级 5 班。

一个人所取得的成就和他所处的环境息息相关，一批人取得的成就很大程度上是一个时代造就的。很多人谈起那个时候，都会坚定地将它定义为珍贵的"黄金时代"。正如清华大学老校长梅贻琦先生云："所谓大学者，非大楼之谓

---

[1] 王选. 回忆北大数学力学系的大学生活. 北京大学数学学院九十年纪念文集, 2003.

也，大师之谓也。"20世纪50年代，北大校园有校长马寅初，物理学家周培源，还有季羡林、何其芳、翦伯赞等一大批德高望重的教授……那些年，大师离我们很近。

王选曾在《回忆北大数学力学系的大学生活》一文中深情回忆："丁先生教我们时才27岁……当时年轻教师与学生的关系很融洽，丁先生对54级情有独钟，1956年时曾与54级同学一起划船游颐和园，并在石舫讲了话，他说：'现在的青年学生给我最深的印象是：大家都有理想。'确实，20世纪50年代时，我们对未来的美好前景充满了憧憬。我至今还保留着当年游园的照片……"[①]

从踏进燕园的那一刻开始，每个人都迫不及待地从这所中国最顶尖的高等学府汲取着养分，张景中亦然。同时，他终于能有机会重拾自己的爱好——写诗。

唐山市文联主席、1957年毕业于北大中文系的马嘶先生在《负笈燕园1953—1957：风雨北大》中写道："……对于张景中，我倒是很熟悉……（他）在数学系学生中是出类拔萃的。令我佩服的是，他还是个积极写诗的人，他写了大量的诗，在《北大诗刊》《红楼》上都发表过。他是学数学的，长于逻辑思维，他的诗终是缺乏诗的意境，不很美。"[②] 求真是理科学生最深刻的标签，

① 王选. 回忆北大数学力学系的大学生活. 北京大学数学学院九十年纪念文集，2003.
② 马嘶. 负笈燕园1953—1957：风雨北大. 群言出版社，1999（8）.

《河南民歌选》（1951年）

好光景

张景中

红的花儿粉的草，
光景过的真正好。
土地改革分了地，
封建势力连根倒。
土地证，拿到手，
小黄牛，拴上槽，
多揭勁，多打粮，
一年四季吃不了。
日子越过越有勁，
光景越过越是好。

张景中发表诗歌《好光景》

绮丽万象和深邃幽怨太过虚无，事实才是唯一。

张景中进入北大后不久就加入了学校诗社。早在中学时，他就曾作为学生剧团成员到农村宣传演出，各方条件虽然简陋甚至贫乏，这些经历却开启了他对于文学和艺术的热爱。

1951年，十五岁的张景中写了一首题为《好光景》的诗歌，后被河南省文联主编的《河南民歌选》收录：

好光景

红的花儿绿的草，光景过的真正好。

土地改革分了地，封建势力连根倒。

土地证，拿到手，小黄牛，拴上槽，

多掏劲，多打粮，一年四季吃不了。

日子越过越有劲，光景越过越是好[①]。

时光荏苒，当年那个写诗的少年已经走进了一个新的世界，在慢慢融入新生活的过程中，他也常常会想起家乡的亲人们。

张景中曾多次在回忆中提到自己的祖母："记得她叫李凤彩，是汝南李寨一个大地主的女儿，读过私塾，信佛，那是兵荒马乱的抗日战争年代，她常在炮声中牵着我和哥哥跑进高粱地的深处，从怀里掏出一本破旧的《古文观止》，教我们读……"成人世界里的血和铁带来了硝烟，而书籍则如春风般开化了懵懂的少年。

很久以后，这个交织着温情和残酷的画面常常出现在我的脑海中，像电影一般让人印象深刻，张景中的时代，才刚刚开始。

---

① 河南民歌选，1951.

第二节　春风少年郎

闻说三魁是少年，世间何必叹才难。

我生亦是奇男子，莫作时人一例看。

——陈著《闻状元是少年》

1936 年 12 月 30 日，张景中出生于河南省开封市。

对于地灵人杰的迷恋，世代国人早已有之。那些古老而厚重的文明跨越千年横亘在辽阔的华夏大地上，并以城市为载体，不断衍生出新的传奇。就像开封，每一寸草木和每一块砖瓦都浸着这座古城独有的气息，历经千年，所有的灵气都毫无保留地馈赠给这片热土上的人们。

张景中的天赋异禀和传奇人生，从这里开始。

中国有古话云："三岁看大，七岁看老。"三岁本该是无忧孩童在妈妈怀中撒娇的年龄，张景中却失去了母亲。而童年的创伤却让他更加成熟懂事，这一切也在他心中埋下了坚韧乐观的种子，伴随着命途多舛的前半生，他始终不曾被生活打倒。

不久之后，家人将张景中接到了汝南县城和祖母、父亲一起生活。20 世纪 40 年代的河南，是旧中国的缩影，战争和自然灾害将人们卷入水深火热的漩涡中，社会动荡、时局混乱。虽贵为华夏民族的发源地，此时的河南却早已不复昔日的辉煌。

张景中的祖父于清末时曾做过一任县官，虔诚信佛的祖母对当时官场的黑

青年时的张景中

暗和腐败难以苟同。在她看来教师是当时最好的职业：不仅能挣一笔工资养家，还可以更好地教育后代。

从此，这个家庭与讲台结下了不解之缘。张景中父母皆是教师；祖母的妹妹、张景中的姑奶奶于师范学校毕业后在幼儿园当了老师；哥哥也走上了讲台。他自己更是将教师这个职业上升到了新的高度，在教育这条路上走得更宽、更远。

对幼年张景中来说，祖母无疑在他的生活和教化中承担了母亲的角色。"她从来没有打过我，总是讲道理，父亲也是这样。"每每提起自己的家人，总有一抹温情在他眼中闪耀。

记忆中的父亲偶尔喜欢出去打打麻将，并非赌博，仅是工作之外的消遣。但祖母最不喜欢的就是孩子打牌和下棋，因为她觉得耽误时间。有一次父亲一下午都在外面打牌，回家后祖母没有骂他，也没有理睬他——直到父亲向她认错："我以后不打牌了。"这样温和但有原则的家庭教育让孩子们在潜移默化中受到了积极的影响。

　　祖母在张景中十多岁的时候去世了，父亲常年在外，但父亲的谆谆教诲他却一直铭记于心。他常说："做人要正直，对人要谦和。满招损，谦受益。要认识到自己的不足。"他是这样说的，更是这样做的，无论任何人到家里来访、做客，父亲一定要亲自送出大门，因年纪大了客人劝他不用送，父亲却总说要走一走。"他经常这样。"张景中笑着说。

　　父亲是一名语文老师。那时候倡导的语文教学并没有如今语法、文法等知识，而是多看书，博闻强识。所以父亲买了很多书给张景中看，小时候看《三国演义》《水浒传》和《西游记》；长大一些后就看《红楼梦》《聊斋》《史记》《儿女英雄传》以及鲁迅和郭沫若的作品等。这些书张景中在小学四年级以前就读完了。那些线装的、方纸叠起来印的图书，有些是父亲小时候留下的，有些是专门给他买的。到了小学五六年级，在外工作的父亲就会给他寄一些当时汝南很难买到的科普书籍回来。

在书香的熏陶下，天资聪慧的张景中很快在同龄孩子中脱颖而出，不仅学习成绩好，悟性也非常高。进入初中后更是成了汝南县城有名的"小神童"，还曾被选为学校工作委员会的委员。

那时每学期会在班上评选三个成绩好的同学，并发予奖学金鼓励，第一名三块钱，第二名两块，第三名一块。张景中常常得一等奖，而且几乎每学期都得奖，他懂事地把这些钱都交给父亲，父亲要他自己留着，他就一直留到了北大。

乱世之中得以家人照料陪伴，童年少时得以书本慰藉感悟，张景中是幸福的——温厚的个性养成和富足的精神世界，给了他铸造和支撑个人世界的初始力量。

第三节　锋芒初现

积学以储宝，酌理以富才，研阅以穷照，驯致以怿辞。

—— 刘勰《文心雕龙·神思》

　　身为当时北大"十大才子"之一的张景中，除了良好的文学修养外，他在数学方面的天赋亦开始渐渐凸显。

　　正如那样："在现实中，不存在像数学那样有如此多的东西，持续了几千年依然是确实的如此美好。"中国的数学水平从公元前一世纪《周髀算经》中"勾三、股四、弦五"以及"环矩可以为圆"的记录便可窥一斑。

　　随着社会的演进，中国数学家们在二十世纪初开始了新的探索之路：一方面进行国内数学教育的改革，另一方面开始学习西方数学。这段时间中国大量向美国派遣留学生，并于 1918 年在北大创建了近代中国第一个数学系[①]。

　　1952 年 7 月 1 日，中国科学院数学研究所成立，华罗庚教授任所长。此时，无论是国内的数学交流还是与国外的学习活动都进行得非常频繁。资料显示：1956 年，在中国评定的自然科学奖项中，数学占了大部分。

　　在这样的前提下，北大的师资队伍不可不谓强大：仅数学力学系便有讲授高等代数的丁石孙先生、讲授微积分的程民德教授以及讲授解析几何的江泽涵教授等。选择这些名师担纲基础课教学，以便学生在入学之初就打下牢实的基础，让他们"学习力强、后劲足"，这在张景中那一代"北大人"身上得到了

---

① 刘绍学. 数学史选讲. 第九讲：中国现代数学发展概观.

中国科学院数学研究所创办初期成员合影
（前排左起第三、四位分别为华罗庚、陈景润）

充分的体现。

在学习程民德教授的微积分时，创办于 1936 年的国内数学专业学术期刊《数学学报》上刊载了柳孟辉先生的学术论文《一个简单的不可微分的连续函数》，文中用十进小数构造了一个"处处连续但处处不可微函数"的初等例子。但张景中和同学发现这个例子是错误的，于是他试着和 4 班的杨路（当时名杨九高）一起给出了另外一个正确的例子进行论证，后取得成功并发表在《数学通讯》上。更让两人高兴的是，程民德教授还专门安排了一次学生科学报告会，让张景中两人为其他学生讲解这个例子。

这件事成了张景中与杨路近半个世纪合作进行数学研究的开端。他们一定想不到，30 年后，他们一起实现了几何定理机器可读证明的理论和方法，并最终使之成为计算机处理几何工作的"里程碑"。

小露锋芒之后，张景中接触到了真正意义上的学术研究，这一次，他的老师是华罗庚。

1955 年，张景中在解析几何教科书上看到函数方程 $f(x+y)=f(x)+f(y)$ 的连续解只有 $f(x)=cx$，之后想到一个确定它全部解的方法，经过分析论证写成论文寄给《数学进展》，最后顺利发表，这给了张景中很大的鼓励。

可没高兴几天，发生了一件让他始料未及的事。《数学进展》编辑部给张景中来信，说有读者来函问，这结果前人做了哪些工作？同时在信中指出：研究者在发表自己的成果之前，应当了解别人已经做出了什么，才是负责的态度。

看罢信，张景中立刻跑到学校图书馆去查资料，一查就是三天。最终他在一堆资料中伤心地发现，自己研究出的成果，早在 1920 年，德国的哈默尔已经对此给出了论证。于是他向《数学进展》致信道歉。

更让张景中没有想到的是，编辑部所说的这位"读者"竟然就是大名鼎鼎的华罗庚先生——时任《数学进展》的主编，当时他在国外出差，回国后才看到出版的刊物，于是就让编辑部以读者的名义给张景中写了这封信，其意在于

1955 年出版的《数学进展》

让作者明白科学研究的入门规矩。

　　由此，张景中第一次体会到从事学术研究应有的严谨，也让他认识到了文献和历史的重要性。然而，由于对自己的学术成果没有进行充分的强调，类似的问题又以另外的方式重演了一遍。

　　20 世纪 80 年代，他曾发表过一篇关于计算数学的文章，但当时由于文献知识不够，文章并没有非常明确地将解决的问题强调出来。直到 2012 年审稿时，他突然发现稿子里提到有一篇文章解决了某个设想，仔细一看，这可是他在 20 年前就解决了的问题啊，怎么现在又发表说别人解决这个设想了呢？

　　"有时对于自己做的问题的意义和位置是不够了解的。"张景中坦言，这是一个数学家学术生涯的切身体会，也是一个学者对于知识世界的无尽渴望。

第四节　韶华只为少年留

> 要有勇气跟随你的心，
>
> 其他一切都是次要的。
>
> ——李开复

2004 年，北大数学力学系 54 级校友重聚未名湖畔。

纵然未名湖早不是先前的朴素模样，纵然大家都已不再是当年的少年书生，但心中那份赤诚和感怀让这些老人更加怀念以前学生时代的美好时光。追忆和分享，珍重和再会，让张景中不禁感叹："50 年来，我们根据各自的看法和处境，做了自己想做的或不得不做的事，为社会的变化起到了自己预期的或没有料到的作用。"

网络上曾流传着这样一句话：我们怀念过去，并不是因为过去的日子有多美好，而是因为那个时候的我们有多年轻——年轻总有值得追忆的过往，年轻总意味着无限可能。

所以 8 个人挤在隔出的小屋子里也是回忆里的一种美好。在北国严寒的冬天，温暖着大家的除了有房间里的暖气，还有弥漫在周围的热切、积极的友爱。

一年级时，6 班有一名叫王树桂的同学，是班上唯一的党员。他家庭很困难，大冬天只着单衣，同学们了解其情况后就一起凑钱给他买了一条绒裤，并由女同学绣上"王树桂"的名字送给他①。同学情义如此，师生之间的传道授业更令

---

① 王选. 回忆北大数学力学系的大学生活. 北京大学数学学院九十年纪念文集，2003.

张景中和同学王选、苏少华在广州

人难忘。说到此，张景中的言语之间满是钦佩和感激：老师们都是"献身性的，全力以赴地教学生，现在很难看到这种现象了"。

大二下学期开始分专业，当时有数学专业和刚成立的计算机数学等专业。张景中和张恭庆、陈天权、杨路、洪允楣等一批成绩优异的同学选择了数学专业。

由于一般大课中老师与学生的交流较少，所以学校每星期给学生们安排了两次习题课，25名学生组成一个小班上课，做习题练习，或者根据所学的新内容和老师同学进行交流，每班由一名助教负责讲授。现在教育学中提出的讨论教学、头脑风暴等学习方式，那时就已经应用得比较多了。

一学期结束后，会采用口试的方式进行测验，一个老教授带着两个助教，学生们排队一个个接受提问。口试通过抽签来决定所回答的问题，一般会有两个题目，一个大题和一个小题，有45分钟的时间准备，准备好了就进入考场到讲台上讲解，政治等其他课程都采用口试。通常一个系两百多名学生的期末测试会花费三个星期的时间。如此一来，教授几乎对所有的学生都有了一些了解。

　　"当时没有要求老师一定要SCI，没有要求什么项目，就是要求老师把学生教好。现在的考试哪有这个精力？"张景中说到这里，轻轻地叹了一口气，我从这双眼睛里读到了一个学者的怀念和担忧。

　　1956年夏天，北大规定自学某门课，在开课前取得优良成绩者可以免修，一向优秀的张景中免修了实变函数和复变函数两门课。后来他干脆加入许多学习小组，来满足自己对于数学的热爱。他参加了丁石孙先生指导的代数课外小组，在小组活动中，他先是研究矩阵的无穷乘积，后来又对函数的迭代问题产生了很大的兴趣。这期间的一些研究结果张景中后来在20世纪80年代陆续进行了发表。

　　课堂上的学习紧张而充实，课堂外的生活同样多姿多彩，比如每周的文艺汇演就是大家非常期待的一个活动。那时甚至有高年级的同学把行列式定理编排成歌曲唱了出来。这件事让大家印象深刻，也由此可见当时浓厚热烈的学习氛围。

每个学生对于春游都有着难忘的经历，54级的学生也不例外。他们每年都会组织开展春游，大家常去的地方有樱桃沟、碧云寺、八达岭等。既见识了祖国的大好风光，也增进了同学间的友谊。试想在宏伟壮观、如花似锦的风光中勾勒未来的大好蓝图，该是何等的人生幸事！

恰同学少年，风华正茂，书生意气，挥斥方遒。

第五节　山雨欲来风满楼

回顾这一切，就像已经读到了一部小说的最后几页。

我们无法改写故事的情节，但已经了解自己的经历了。

——张景中《重聚未名湖》

2001 年，时任北京大学计算机研究所所长的王选生病住院。治疗期间，一位曾任北京团市委负责人的干部来医院探视。两人聊到了张景中，这位干部说："当时划右派时就十分犹豫，因为他的功课太好了，很舍不得。"半个世纪过去了，再谈起往事，无限唏嘘[1]。

1957 年 5 月 1 日，《人民日报》刊载了中共中央 4 月 27 日发出的《关于整风运动的指示》，决定在全党进行一次反官僚主义、反宗派主义和反主观主义的整风运动，号召党外人士"鸣放"，鼓励群众提出自己的想法和意见，也可以给共产党和政府提意见，帮助共产党整风。在这样的政治环境下，北京大学首先开始进行"内部整风"。

从 5 月 19 日下午北大饭厅东门贴出的第一张质问北大团委的大字报，到《是时候了！》和《一株毒草》的出现，再到成立"百花学社"……北大的学生们在这场整风运动中空前地发挥出了主观能动性以及对民主自由的期待。只不过，这些狂热的期待在前进和演变的时代中被解读成了错误的倾向。

北大教育所倡导的独立思考、思想解放等特点在这群理科学生身上以最鲜

---

① 王选. 回忆北大数学力学系的大学生活. 北京大学数学学院九十年纪念文集，2003.

活的状态呈现出来，这让他们对于国家和命运的思索比同龄人更加深刻，也更加直接。张景中自然也在这群激情无限的学生之列，北大诗社熏陶出了他骨子里的诗人属性：理想、执着。

1957年6月8日，《人民日报》发表社论《这是为什么？》，全国开始了大规模的反右派斗争。北京大学学校党委对学生的行为组织反击，批判右派言论的大字报多起来了，每天能看到这个系或那个系揪出某某右派分子的标语和大字报，一时风声鹤唳，每个人都有可能在一夜之间被划为右派分子。

一向被视为榜样的张景中在经过系上段学复、程民德等四位老师的苦心劝告后，仍然没能"幡然悔悟"。不仅如此，他还在第三阅览室墙上贴出大字报"急流勇退"。年轻诗人的浪漫和愤慨可见一斑——虽不能决断地评判对错，但我们总是被捍卫自己梦想的人感动。

公开、顽固的对抗态度后，张景中成了数学系里的极右分子。

历史自有事实来评判。由牛汉、邓九平主编，北京经济日报出版社在1998年出版的《思忆文丛》系列丛书可以看作是对历史客观尊重的还原，丛书有三卷：《六月雪》《荆棘路》和《原上草》。其中《原上草》详细地记录了北大整风运动过程中很多"右派"同学的言论。

《思忆文丛》

"⋯⋯言论自由的程度与一个国家民主化的程度成正比⋯⋯"这是《南方周末》为《思忆文丛》作的序①。自由和民主是这个世界的终极命题，与国家无关、与国家的人民和他们所处的地理位置无关。

历史总会有很多个版本，或是辉煌的乾坤盛世，或是惨淡的民不聊生。但对于我们来说过去都是一面镜子，光洁和晦暗无不在深刻地映射着我们的今天。以古为镜，可以知兴替。知而后智。

---

① 读书公园．思忆文丛．

追 寻

20世纪70年代之前，中国的年轻人生活在一个迷茫的世界，伴随着刚刚开始扭转的社会局势，各行各业百废待兴，各类问题也开始显现，大家仿佛步入了一种找不到未来和出路的境地。顾城写下了《一代人》，舒婷写下了《一代人的呼声》……所有人都在探寻着可能的新生活。

此时的张景中没有太多的愁绪来思考人生的终极命题。从北京到天津，从天津到新疆，他最宝贵的二十年似乎被时代"湮没"了。这个身躯瘦小的年轻人，眼中永远闪耀着坚韧的光芒，在种田筑路和数学研究之间摸索出了自己的人生哲学。时光在他笔下如潺潺溪水般平平静静地流走，那尽头是一片深沉广阔的汪洋。生活终究没有负他——当苦难被岁月积淀成为一笔财富，梦想的春天，已为时不远。

20世纪50年代在清河农场劳作的人们

第一节　辗转天津

黑夜给了我黑色的眼睛，我却用它来寻找光明。

——顾城《一代人》

1958 年 2 月，张景中被开除学籍，送去劳动教养。

劳动教养得先从思想上反省，一开始他被送到了北京半步桥收容所里进行了半个月的"学习"，之后又被分配到茶淀附近的清河农场劳动。清河农场是北京市公安系统劳改机构，新建了许多分场来安置在整风运动中"犯了错误"的人，颇具意味的是，"清河"并不是一条河，而是取"清清河水涤荡灵魂"之意。

张景中先是被安排在于家岭西村，后来又辗转分到 584 分场、化肥厂、于家岭东村等地。

20 世纪 50 年代末的中国社会，沉浸在"大跃进"编织的虚妄中，民众的热情像大炼钢铁的熔炉一样火热，农场中的"就业人员"更是要拿出十二分的热情来辛勤工作。

张景中在这段日子中适应了从手拿纸笔到手握铁锹的转变，迫不得已的是形势和环境，幸好还有自己的心灵可以主宰。

白天要进行各种劳动，或是在田里种小麦、水稻，或是在土化肥厂烧石灰、做盐酸，甚至是去挖泥和抬土；晚上的时间当然也不能懈怠——开会。

这些繁重的琐事对人的身体和心灵都是极大的挑战。人们常说细节决定成败，对于不放过任何一个闲暇的有心人来说，成功就是天时地利水到渠成而已。《数论基础》成了张景中这段日子里的精神寄托。虽只能在劳作间隙抽空思考书里的习题，却反倒让他的记忆力得到了极好地锻炼。

在经历了大跃进和三年困难时期的艰苦磨炼后，1962 年，张景中解除了劳动教养，被调到农场航运队，这比起之前的工作来说轻松多了。"一道残阳铺水中，半江瑟瑟半江红。"——他或许能在往来于天津和清河农场之间的金钟河地欣赏这样的美景了。张景中的主要工作是从天津运回垃圾当肥料，再把农场生产的葡萄运到天津。波光粼粼，水平如镜，他的心也在一趟趟的往来中沉淀下来。他有了更多的时间看书、思考，甚至有一些研究结果成文投稿。

在交织着枯燥和充实的日子里，张景中把这半年的每一个假期用来研究他从一个小册子中看到的"多年未解决"的问题。他花了半年里所有星期天把这个问题研究出来了。由于环境闭塞，他后来才得知问题的作者两年前就已经将问题解决了。

值得欣慰的是，张景中可以和同窗好友杨路进行书信来往了，此时的杨路也调到了条件较好的北京团河农场。在这期间，张景中和杨路一起系统地发展了距离几何的方法，他们完成了关于逐段单调连续函数迭代根存在性的研究。

一直以来，函数方程领域关于非单调函数迭代根存在条件的判定悬而未决。对一般的逐段单调连续函数，张景中和杨路给出了存在任意次连续迭代根的容易检验的充要条件，后在《数学学报》1983 年第 4 期中发表《论逐段单调连续函数的迭代根》论文。

　　两人探索的几何算法在国际上引起了强烈反响，被国内外学术期刊和国际会议文集引用近 400 篇次，其中被《科学引文索引》收录了 100 多篇次，英文专著《*Recent A dvancein Geometry Inequalities*》引用了 20 多篇次。《几何不等式在中国》一书中，关于高维几何的论文，几乎每篇都引用了两人的研究成果。

　　对于这一工作，美国著名离散数学家和计算机科学家约翰·拉里·凯利在《数学评论》中说道：“这是一个正在发展中的纲领的一章。这个纲领肇始于维也纳的 Menger 和中国的吴文俊，在西方由 Blumenthal 及其学派，在东方则由杨、张等所推进。”“除了理论和基础的意义和重要性之外，该纲领的倡导者还顾及其在计算机辅助几何推理、定理机器证明、近似数据嵌入等各不同领域的应用。”

　　“我们的通信中没有其他的鼓励，就是学术，因为大家都觉得讨论学术本身就是一种鼓励。”真正的朋友并不需要用过多形式上的堆砌来标榜友谊。因为"共同的兴趣爱好、共同的事业、共同的遭遇，或者是共同的利益"他们并肩同行，给予对方力量。

不过这样的日子没能持续多久。因为，"文革"来了。

第二节 以痛吻我报之以歌

也许迷途的惆怅会扯碎我的脚步，

可我相信未来会给我一双梦想的翅膀，

虽然挫折的创伤已让我寸步难行，

可我坚信光明就在远方。

——汪峰《光明》

在新疆，从库尔勒到若羌，有一条 218 国道，这是世界上唯一的荒漠红砖公路，这条公路是 1966—1968 年间北京知青用 8000 多万块红砖铺成的，每一块红砖上都浸满了知青们的汗水。

1966 年 5 月，中共中央政治局召开扩大会议。会议通过了《中国共产党中央委员会通知》，由此阶级斗争扩大到党的最高领导层。中央"文化革命"小组成立，"文革"迅猛发动起来，最终演变成为波及全国上下的一场政治运动。

"混进党里、政府里、军队里和各种文化界的资产阶级代表人物，是一批反革命的修正主义分子，一旦时机成熟，他们就要夺取政权，由无产阶级专政变为资产阶级专政。"全国上下都在"造修正主义的反"，在这样的形势下，张景中和杨路的学术通信被管教人员视为反改造活动而被迫中止。

1966 年 8 月，北京几个农场将部分"就业人员"调往新疆生产建设兵团。后来这几支队伍组成了新疆生产建设兵团工二师的一个工程支队，去修建从库尔勒到若羌全长 400 公里的公路。

218 国道库尔勒——若羌段

在工程支队的劳作异常辛苦，白天全力投入到公路建设中：挖土、抬土、浇灌水泥、制砖、建桥、铺路。到了晚上，除了吃饭、睡觉，就是开会和读"红宝书"。这里也不再有星期天的概念，因为是"五类分子"，周末还要加班劳动，打扫厕所和砍柴。

这段时间的张景中只得暂时放下书本，放下那些萦绕在心中的一个个习题。所幸还有开会学习的时候，而这种机会都被张景中拿来思索数学问题了。环境和时代再怎么变化，都不足以动摇深埋于心的坚持和习惯。

张景中的思考并不局限于书本理论上的问题，他以最契合的方式将之应用于生活。北大数学科学学院的学生刊物《心桥》第 26 期曾记载如下：有一次张景中所在的劳改队负责建筑，后来才知道是为原子弹试爆准备。试爆成功后，全劳改队的人都知道了爆炸的准确地点，这让上级领导大为震惊，经过询问才知道是张景中传播开的，领导专门把他叫过来问是怎么得知国家机密的，他笑笑说："这还不简单，那天看到蘑菇云升起，掐着表一算声音传过来的时间就知道了……"独剩领导面面相觑，张景中也因此事远近闻名[①]。

靠着几乎是最原始的劳动力，这条公路终于在 1971 年完工了。于是工程支队各连也分别调到兵团农二师各团场，张景中所在的七连调到了焉耆县巴州的二十一团场，定名为基建连，任务是建设房屋和农田水利工程。

巴州全称为巴音郭楞蒙古自治州，位于新疆维吾尔自治区东南部，是中国面积最大的一个自治州，全州面积 48.27 万平方公里，辖两市八县，地域辽阔，首府库尔勒市。这里有塔克拉玛干大沙漠、塔里木河、巴音布鲁克天鹅湖自然保护区……即使是 20 世纪 70 年代，二十一团场也属于条件非常不错的农场：四周环山，水土丰沃，拥有石油、天然气、煤矿等矿产资源和焉耆马、野生甘草等自然资源。

人间正道是沧桑。1971 年 9 月，林彪反革命集团被粉碎。在此之前，张景中终于摘掉了右派的帽子，这意味着他拥有了更多的生活空间和自由时间。于

---

① 清华大学出版社，2013.

是张景中开始找寻好友杨路的下落，最后得知杨路已经从北京调到了四川大邑县的新源煤矿进行劳动改造，解除了教养但未摘帽，仍是被公安部门监管的就业人员。于是他们又开始了书信往来，信件通过杨路的妻子张锡铮来传递，大多都是讨论几何算法的，这些内容成为后来发表的许多论文的基本内容。

他乡遇故知，知己再重逢，总被看作人生之幸事。对于两个苦心孤诣研究数学的人来说，恢复中止六年的学术通信为灰暗的日子涂上了一抹鲜亮。正如日本动画电影大师宫崎骏曾在解读自己的电影和人生时所言："并非我们从不伤感，而是事情没有想象中的轰轰烈烈，人生远没有我们想象的那么糟糕，不是吗？"

第三节　人生何处不相逢

因了命途中的你们，

我才没有荒芜了青春。

——莫言

每个人都渴望遇到自己的贵人，就像千里马渴望遇到伯乐一样，贵人的出现是命运的垂青，也是自我涅槃的必然。

郭秀华可以算作张景中的一个贵人。他是张景中高中时期低一级的校友。20世纪70年代初，郭秀华在巴州二十一团场组织部工作。

有一次在翻阅人员档案时，郭秀华看到了张景中的材料，他很奇怪为什么阔别多年的老同学会出现在这里，了解后才知道张景中在整风运动中被划了右派，发配到新疆劳动改造来了。

在郭秀华的印象中这位考上北京大学的师兄成绩向来优异，为人也非常不错，怎么被送到新疆改造了？如果才华横溢的张景中就这样被埋没实在太可惜了，郭秀华决定尽力帮助他。

在一个星期天，身为组织部干部的郭秀华毅然打破了"革命干部"和"就业人员"的严格界限，只身去基建连寻找张景中。当看到农场中被繁重的劳动折磨得异常消瘦的张景中时，郭秀华的心中涌起了无限感慨，当他又看到张景中那依然炯炯有神的双眼时，就知道自己这一趟没有白来。于是他将自己的想法告诉了张景中，张景中当然非常感激。但从心底深处来说，在当时风云诡谲的社会形势下，他不敢对此抱太大的希望。

历史的车轮滚滚向前，真正的英雄决不会被时代的浪潮淘走。1973 年 2 月，邓小平回京，出任国务院副总理，开始重新恢复工作，并大张旗鼓地进行整顿；两个月后，国务院便批转了关于高考必须重视文化课考试的意见，这也在一定程度上缓解了当时极"左"的社会氛围。于是，郭秀华抓住这略有宽松的环境，同时借助自己在组织部工作的有利地位，竭力劝说二十一团领导同意调张景中到团场的子女中学当代课老师。

然而，学校领导认为张景中虽然已经摘帽，但毕竟还是右派的身份，会影响学生的学习教育。因此这件事整整拖了一年，在郭秀华的持续努力下，终于还是实现了。

1974 年 4 月，张景中走上了二十一团子女中学初中二年级的讲台，成为一名代课老师，为学生们讲授平面几何。这熟悉的课堂，他已经远离了十六年。

虽然正式高考恢复要等到三年后的 1977 年，但部分学校在 1974 年就已经开始尝试恢复高考了——"那是 1974 年五六月份的一天，还在铁二局机械制造厂当车工的张景中看到厂区里贴出一纸通知，愿意读大学的请于某月某日参加考试。刚工作三年的张景中便去报了名。"①

高考题目对所有老师而言都是非常重要的参考。二十一团的老师同样如此，但对1974年高考的一道数学题，张景中及其教研室所有的老师都解不出来。

① 恢复高考三十年. 贵州都市报，2006-06-07.

二十一团中学生参观屯垦戍边爱国主义教育基地（图片来自兵团网）

这让张景中有了进一步的思索：如果连老师都解不出来的题目，对学生来说就更加困难了，因此他觉得有必要研究一些简单的解题方法。

在课堂上，平面几何的教学一直非常依赖解题技巧，老师会要求学生使用全等与相似的解题方法，这些都是解决几何问题的途径，但对于学生来说，要掌握那么多复杂的数学公式并将其应用到几何问题中是很困难的，同时这些方法太多巧妙变化，学生不容易熟练掌握。

潜心研究下，张景中发现使用面积关系解几何问题非常简单有效，于是他又作了更深入的研究，将面积解题的思路从特殊技巧发展成为一般性的方法，应用于课堂取得一定的成效后，张景中大胆向学校领导提出了教材改革的建议，但是没有得到采纳。

而可以预见和肯定的是，这些想法和建议为张景中日后科学生涯的研究奠定了坚实的基础：无论是对几何定理可读证明自动生成的研究，还是日后教育数学思想的提出和实践，他从不曾停下脚步，那么坚定、那么从容。

特殊时期经历的任何事情都带着时代和社会的深刻烙印。贵人的出现是天助，也是人援，更多依靠的是自己强大的心志。就像黄永玉老先生说的那样——"并非纯真，只是经得起打熬而已。"① 云淡风轻之间尽是对世事举重若轻的豁达。这个曾被英国《泰晤士报》用六个版面报道、获得意大利最高荣誉奖"司令勋章"的湘西画家，睿智而乐观。即使历经岁月尘埃的洗礼，依然保持着如孩童一样纯真的心。

张景中又何曾不是这样呢？在纵横的时间和空间里，也许他们曾经相遇，倔强地面对着相似的人生：无论悲喜，淡然以对。而这样的人却总是能够得到命运特别的青睐，即所谓的个人"造化"。

---

① 孔令钰 . 并非纯真，只是经得起打熬而已 . 南方周末，2012-09-28.

第四节　峰回路转

莫听穿林打叶声，何妨吟啸且徐行。

竹杖芒鞋轻胜马，谁怕，一蓑烟雨任平生。

料峭春风吹酒醒，微冷，山头斜照却相迎。

回首向来萧瑟处，归去，也无风雨也无晴。

——苏轼《定风波》

人生跌宕何苦抱怨，命运浮沉本也自然。虽然身处偏远的新疆，但是能够在这一片贫瘠的土地育人子弟也是一件于国于民都有益处的事情，比起农场上的劳作来说，代课老师一职让张景中倍感珍惜。

北大的求学经历让张景中将名门学府深厚而先进的教学理念一直根植于心底深处，甚至贯穿了他的整个教学和科研生涯。

张景中一直主张加强基础知识教学，反对片面地"求难""求偏"。这本来只是关于教学方法的讨论，却在荒谬的年代被上升到政治立场的高度，再次遭遇无妄之难。

不久，"反击右倾翻案风"袭来，由于持不同的教学观点，张景中在运动中受到批判。批判的结果是被清理出学校，回到以前的基建连继续劳动改造，加强思想上的认识和觉悟。习惯了命运无常的张景中离开了学校，怀着淡淡的惋惜和不舍。

这一次他回到了挖河的工地上，却突然传来揪出"四人帮"的消息。这让工友们仿佛看到了命运转变的曙光。张景中清晰地记得那天，之前在《瞭望》杂志做过记者的工友老李悄悄告诉他：中国的命运改变了。他们憧憬着，和国家一起，自己的命运也是会改变的。

几年后，张景中去北京参加一个学术会议，再次与老李相遇，这时候他已经是《瞭望》杂志的主任编辑了。

翻看老李带过来的《瞭望》杂志时，张景中发现了校友洪加威的文章，仔细确认了署名和单位后，张景中与他取得了联系。在洪加威的推荐下，广东肇庆师范学院很快来函向二十一团商调张景中，但团里不同意，再次将张景中调到二十一团子女中学。

时间的打磨会让钻石产生璀璨耀眼的光芒，人也如此。关于时势和英雄的讨论，需要的就是一个时机而已。

对张景中来说，对20世纪70年代的一大批人来说，时代的机遇诞生在1978年，历史解释"这一年是对于中国具有划时代意义的转折点"。巨大的转折体现在两个方面：成功进行拨乱反正；十一届三中全会的胜利召开将国家重心转移到经济建设上来。

《数学的实践与认识》杂志在1978年第一期刊登了《关于台形体积的计

算公式》一文。文中，张景中根据华罗庚和王元在《积分的近似计算》一书中提到过的苏联数学家巴芒关于计算台形体积的公式，提出了另外一个可以对简单形体给出准确值且便于计算的公式。尔后该杂志社编辑部给二十一团政治部来函，询问如何署名，领导研究后建议署名为"新疆巴州二十一团场子女中学数学组"。

这是二十三年后张景中与华罗庚先生的第二次思想碰撞。后来张景中在纪念华罗庚100周年诞辰时撰文《大数学家的小事情——怀念华罗庚先生》，来表达自己对这位伟大数学家的崇敬和怀念。

"这是1978年，离开未名湖已经二十年了。"张景中在回忆录中这样写道。二十年对于一个人意味着什么？二十年赋予了张景中什么？或许我们能够感觉到的是，艰辛和磨难在他的额头刻上了一道道深深浅浅的皱纹，也刻上了对于岁月更深的感悟。那颗心，依然没有被俗世的尘埃蒙蔽；那双眼，依然透彻如初，他就这样成了年轮里的英雄。

"古今所谓豪杰之士，必有过人之节。人情有所不能忍者，匹夫见辱，拔剑而起，挺身而出，此不足为勇也……"安然走过那个年代的人大都拥有超常的心性和毅力。虽然我不能以一己之力真实地再现他们到底经历了怎样的日

友人题字赠言《留侯论》

子，但是彭翕成①父亲的赠言却为张景中写下了最好的注解。

能够称为豪杰的人，他们心里装的是这个世界。所以当张景中在人生最低谷时挥笔写下"愧无涓埃报华夏，剩有精诚攀昆仑"的诗句，豪迈气息才会跃然诗外，对于国家和民族的真挚情感才更加难能可贵。和平年代的英雄纵然可贵，但这不是"张景中"们被遗忘的借口，他们应该被历史铭记。

———————————

① 彭翕成，男，华中师范大学国家数字化学习工程技术研究中心助理工程师。立志于从事数学文化传播和数学教育技术的普及。发表论文百余篇，出版著作多部。

归去来

　　1978 年注定是被铭记的一年。改革开放的春风在这个饱经沧桑的国家吹起，天地在一夜之间换了新颜。无论是高考制度的恢复，还是整个国家在政治、经济、文化方面的发展，一切都在昭示着这条东方巨龙的苏醒。

　　就像被重新发现的"金子"，再也没有任何人和事能够掩盖住他的光芒——当陶懋颀先生带着调函千里奔赴新疆，张景中迎来了人生的璀璨拐点。厚积薄发，循循善诱，中国科技大学的讲台终于足够承载和释放他积蓄了二十年的能量。

　　不管是数学教育思想的积累形成，还是进行科普创作，不惑之年的张景中一刻也没有停下来，他忙于补回那些被错误亏欠的时光。他的光芒，愈发耀眼。

第三章　春日迟迟　卉木萋萋

中国科技大学"少年班"

第一节　从科大开始

但愿每次回忆，对生活都不感到负疚。

——郭小川

春天真的来了。

1978年3月18日，全国科学大会在北京人民大会堂召开，时任中共中央副主席、国务院副总理邓小平发表重要讲话，指出四个现代化的关键是科学技术的现代化，并着重阐述了科学技术是生产力的观点。

科学大会的召开为中国科技指明了清晰的发展方向，那些一度被视为"资本主义"的科学技术终于以昂扬的姿态重新被人们重视。

也许是预计到了即将到来的社会变化，早在1978年3月上旬，中国科技大学（以下简称科大）就在国内首创"少年班"。按照德、智、体全面衡量、择优录取的原则，破格选拔了20名少年。这些少年最大的16岁，最小的只有11岁①。

不仅如此，科大领导更是在全国范围内千方百计地网罗教学人才，像北大这样的高校师生自然是首选。彼时，张景中的同学熊金城、赵立人和老师陶懋颀都在科大数学系任教，随后熊金城从洪加威那里得到了张景中在新疆的消息。

于是，张景中便被昔日的师生们大力推荐给学校领导。科大领导自然是求贤若渴，很快就发了两封电报联系：一封发给了新疆的张景中，邀请他到合肥

---

① 人民网—历史上的今天《1978年3月9日中国科技大学开办少年班》：http://www.people.com.cn/GB/historic/0309/5891.html.

参加学术交流；另外一封，则发给了大邑的杨路。

1978 年的最后一个月发生了一件大事——对近代中国来说，召开了具有深远影响和历史意义的十一届三中全会。这次会议的中心议题将全党的工作重点转移到社会主义现代化建设上来，使得中国经济发展走上正轨。对张景中来说，这是二十年后，他与杨路再次进入大学后的第一次见面。这一年，他 42 岁。

要留在学校任教必须对人事档案进行调动。"陶懋颀先生带着调函飞往新疆首府乌鲁木齐，拿到必要的文件，乘汽车长途跋涉到南疆的库尔勒，直到最基层的二十一团，才取到了我的档案。这一行，同时还办成了北大校友任宏硕的调动手续。任后来是中科院数学所的研究员。陶先生为挤车被踩伤了脚，回来后还因劳累过度病了一场……"

恩师为自己奔忙的一幕幕在任何时候回忆起来都是那么清晰。陶懋颀先生于 20 世纪 50 年代在北大讲授数理方程，由于他以前是运动员，体操也很出色，还辅导过张景中班上的体育活动。这位令人尊敬的年轻教师正直热忱，教学研究硕果累累，颇受同学们喜欢和敬佩。

后来在北大整风运动中，陶老师从一份英文报纸上看到了赫鲁晓夫的秘密报告摘要，于是他和另外一位老师翻译并写成小字报贴了出来，这样的问题在

张景中与陶懋顾老师在成都

当时是非常严重的，但学校鉴于陶老师的表现一贯很好，各方面也非常优秀，就没有划右派，而是让他和一批老师一起去了内蒙古支援内蒙古大学。

来到内蒙古大学之后，陶老师终究还是被划成了右派。但因为乐观积极、助人为乐的个性，他的人缘一直非常好。当得知他要从内蒙古大学调到科大后，很多人都争相请他吃饭，为他送行，这样的"饭局"甚至排满了一个月。

1978 年从内蒙古大学调到科大后，陶老师担任了科大少年班管委会的主任，并为科大率先创立研究的组合与图论专业发展作出了极大的贡献。

奈何天妒英才，20 世纪 90 年代初期，陶老师终因积劳成疾患上了胰腺癌，学生和朋友们从全国各地赶来看望他。此时已是学部委员的张景中带着全家人特地乘飞机看望恩师，并给老师洗脚。陶老师过意不去，连忙阻止，张景中淡淡地说："一日为师，终身为父。"这让陶老师既感动又欣慰。

1997 年 9 月 3 日，陶老师永远地离开了这个世界。"他的逝世是我成年后经历过的最大的悲痛。""实际上我跟他没有什么特别的关系，他就是觉得希望把我弄到科大去，希望帮助我……"当一位亦师亦友的尊者离开，亦是生命中不能承受之重。

20 世纪 70 年代初，张景中在新疆时也做了一回"恩人"。那时在二十一团子女中学一起教书的有一位叫曹培生的老师，在工作中他深感传统的木工工作存在电刨噪音大、粉尘多、容易出事故等缺点，于是设想研究电磁振动刨床，后来在张景中和其他同行的帮助下，终于变成现实。从第一项发明"近共振型电磁振动刨"到"木工电磁振动刨削工艺"，张景中在此过程中一直不遗余力地给予帮助。其中"近共振型电磁振动刨"获得国家发明二等奖①。

养儿方知父母恩，为学更懂师生情，这是人和人之间的共性。所谓一脉相承，大抵如此吧。

---

① 新疆农垦科技.二十一团场曹培生在同行的帮助下,发明电磁振动刨床及刨削工艺荣获国家二等奖.1982（5）.

第二节　微妙人生

开悟的人生像极了微积分的基本精神：

"永恒极是由无穷多数，无穷小刹那相加而成。"

——蔡志忠

1979 年，科大聘请张景中为讲师，北京大学也对他的右派问题给予改正。在此期间，张景中主要教授数学系和少年班的微积分。

不过很快，张景中就发现，即使是对于像少年班这样智力超常的学生们来说，微积分的概念理解起来仍然比较困难，而其中的含义对他们来说就更为复杂了。

微积分是高等数学中研究函数的微分、积分以及有关概念和应用的数学分支。它是高等数学的一个基础学科，主要包括极限、微分学、积分学及其应用等。一直以来，极限概念是微积分最让学习者头疼的难点所在，在这点上，即使是微积分的主要创建人牛顿、建立了严谨的极限理论的柯西等数学名家都未能给后世留下清晰明了的解释。而由常庚哲和史济怀两位数学教授编写的《数学分析教程》，更是整整用了 126 页的篇幅来讲解极限的概念和连续函数。

是教学形势所迫，也是习惯使然，有了在二十一团子女中学使用面积法改造中学几何的尝试之后，张景中决定想办法克服学生们初学微积分的困难。随后他提出了非 ε 语言的极限定义方法和连续归纳法，这一教育成果后来和陈文立共同撰文为《非 ε - 极限理论与微积分的教学改革》，并发表在 2004 年第五期的《大学数学》刊物上 [①]。

不过这些方法也仅是给极限概念一个等价的定义，并不能在理论上获得实质性的突破。于是，张景中将重心转向了教学实践研究，同时开始积极和微积分研究先驱林群院士进行讨论。

林群院士最初是做"泛函分析"理论的科普工作的，后来在一次去西北考察的途中，因大家讨论如何测量成长中树的高度而受到启发。他想到只要把直角三角形的斜边弯起来，改成对山坡量山高，就从中学的直边三角进入了大学阶段的曲边三角，也就是微积分甚至微分方程，用斜率求山高也就是用已知函数的导函数求函数本身。这样就相当巧妙地实现了从曲边三角学到微积分的转化。

如此一来，林群院士也找到了"使中学生都能理解微积分"的方法——那就是不要极限理论、无穷小量、连续函数，而是用"一致性不等式"的定义将微积分最重要的部分大大简化，并写下了《微积分快餐》《微积分减肥快跑》和《微积分魔术》等系列微积分科普著作。

张景中对此亦表示赞同："古今中外，通俗地介绍微积分的读物极多，但

---

① 张景中，陈文立非 . ε - 极限理论与微积分的教学改革 . 大学数学 .2004（5）.

能够兼顾严谨性与浅显直观的几乎没有，《微积分快餐》做到了。一张图、一个不等式、几行文字，浓缩了微积分的精华。"

据张景中介绍，林群所用不等式定义导数的意义还在于简化了微积分体系中"导数正则函数增"这个命题的推理，"本来两个星期还讲不清楚的东西，在新的定义下，一节课就能给出严谨的证明。"

"导数正则函数增"是由拉格朗日中值定理推导出来的，拉氏定理又是从罗尔中值定理中推导出来。借助于林群的方法，张景中作了进一步研究，终于弄清楚了自北大读书起五十年来苦苦思索的问题："罗尔定理的证明，要用到'连续函数在闭区间上取到最大值'；而最后这个命题的证明，涉及实数理论、极限性质以及连续函数的概念。"

所谓殊途同归，不同于林群院士用不等式来简化，张景中对于微积分的改革，是从最基本、最重要的导数概念开始的①。他通过从"平均速度介于最大速度和最小速度之间"的事实出发，建立了整套的微积分体系，并于 2010 年后在《自然》杂志上以第一作者身份发表了《第三代的微积分》论文，并出版《直来直去的微积分》一书。

由此，林群和张景中便成了第三代微积分的旗帜性人物。相对于第一代微

---

① 张景中，冯勇. 第三代的微积分. 自然杂志，2010.2.

张景中所著《不用极限的微积分》

积分的语焉不详和第二代微积分的晦涩深奥，第三代微积分用最浅显平凡的事实、最通俗的语言让高中学生亦能体会到微积分的精髓所在。

2013 年 3 月 20 日，张景中做客华中科技大学，向高校学子们分享了他对于微积分学习与教学的看法。他介绍了不依赖于极限概念的"新式微积分"，并以微积分中经典的求瞬时速度为例示范了如何绕过极限，抽象出"甲函数与乙函数"概念来解决复杂的微积分问题。

"全世界每年有数以千万计的人在学习微积分，其中有相当部分人为学不好微积分而苦恼。而如果实行微积分教学的改革，则可以大大减少微积分教学的时间，保守估计可减少 1/3，也就是现在如果学一年半，教学改革后一年就行了，而且学生掌握得更好。所以微积分教学改革是一项不朽的功业。"这是以张景中为代表的数学家们努力的目标，也是整个数学教育界的期望[①]。

---

① 清华大学出版社，2013.

第三节　生锈的圆规

"难"也是如此，面对悬崖峭壁，一百年也看不出一条缝来，但用斧凿，能进一寸进一寸，得进一尺进一尺，不断积累，飞跃必来，突破随之。

——华罗庚

给你一支圆规，你能做出除了圆之外的其他几何图形吗？如果这是一支生锈（半径固定）的圆规呢？

数学真是一门非常奇妙的学科：看上去很简单的问题大多有着复杂而深刻的内涵，而千变万化的难题也可能有着同源共质的根本。同样，这些变化无穷的问题像一道道美丽的风景，将古往今来无数潜心研究的人们深深吸引。

一把直尺和一只圆规如何做出各种图形？这个问题起源于 2000 多年前古希腊广泛传播的"三大难题"：

1. 立方倍积，即求作一立方体的边，使该立方体的体积为给定立方体的两倍；

2. 化圆为方，即作一正方形，使其与一给定的圆面积相等；

3. 三等分角，即分一个给定的任意角为三个相等的部分。

1673 年，丹麦数学家摩尔证明用直尺和开口固定的圆规可以完成一切尺规作图；之后意大利数学家塔塔里亚在已知边长的情况下用生锈的圆规做出了正三角形；1822 年和 1833 年该问题分别被法国数学家彭色列和德国数学家斯坦纳不同程度地证明了只用一把尺就可以完成一切尺规作图……

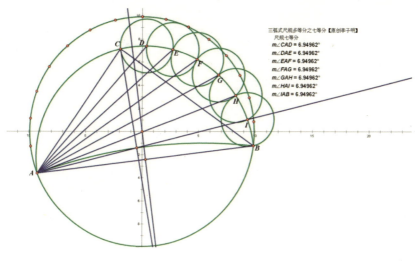

三弧式尺规多等分之七等分【原创李子明】

尺规七等分
m∠CAD = 6.94962°
m∠DAE = 6.94962°
m∠EAF = 6.94962°
m∠FAG = 6.94962°
m∠GAH = 6.94962°
m∠HAI = 6.94962°
m∠IAB = 6.94962°

使用尺规所做的七等分角

　　一百五十年之后，当数学界以为这类问题已经到了山穷水尽的地步时，不可思议的惊喜却接连发生。年逾七旬的美国几何学家佩多教授在生锈圆规的问题上一直颇有研究，他分别于 1979 年和 1982 年精心选择了两个问题在加拿大著名的数学杂志《Crux math》上征解：

　　已知两点 A、B，只用一把生锈的圆规（只能画半径为一的圆），能否做出点 C，使得△ABC 是正三角形？（由于没有直尺，A、B 两点间也没有线段相连）

　　已知两点 A、B，只用一把生锈的圆规（只能画半径为一的圆），能否做出线段 AB 的中点 M？（由于没有直尺，A、B 两点间也没有线段相连）

　　陈省身曾指出"中国人是有数学天才的，经过努力，中国有可能成为二十一世纪的数学大国······"在生锈圆规作图问题上，中国人画上了浓墨重彩的一笔。1983—1985 年的三年间，张景中等人解决了这两个难题。

第一个问题佩多教授和学生们证明出了 $AB \leqslant 2$ 时的解决办法，但是当 $AB > 2$ 时，这个问题在此后三年一直没有找出作图的方法。1983 年，中国科技大学的三位数学老师单墫、张景中和杨路给出了这个问题的肯定答案。

佩多教授知道问题已经被解决之后非常高兴，在一篇短文中说这是他最愉快的数学经验之一。并在和张景中的私人通信中说道，很希望看到第二个问题的解答，无论是肯定的还是否定的。

张景中等人同样如此，他曾在《自然》杂志 1984 年第十二期刊登的《规尺作图问题的余波》一文末尾这样说道："或许在某一天，一位业余数学家会找到出人意料的巧妙方法给出这个难题的解答。"[1]

一年之后，张景中的预言变成了现实。

创造历史的是一名来自山西的落榜自学青年——侯晓荣。当时年仅 22 岁，且只有高中学历的他花了整整一年时间来研究这个问题。终于在 1985 年解决了这个众多数学家无从下手的难题。他推广了张、杨的方法，解决了这个问题，并且用代数方法证明：如果从已知两点出发作图，凡是圆规直尺能做出的点，

---

[1] 张景中 . 规尺作图问题的余波 . 自然杂志 .1984(12).

用生锈圆规也能做出 [①]。

这一研究结果远远超出了佩多教授的期望，更使许多数学家感到无比惊讶。根据侯晓荣的证明，张景中和杨路给出了一个简单而完美的作图结果，佩多教授对此印象极深。他在《美国数学月刊》上的一篇评论文章中赞颂"杨和张是中国几何学界的阿尔法和欧米加"。世界数学史上最伟大的数学家之一阿基米德就曾被朋友们称为"阿尔法"，这代表着他是一流的数学家，而欧米加是希腊字母中的最后一个字母，这就意味着佩多教授不仅认为他们是开创者，也是终结者。

"一个数学难题的解决，并不靠一两手绝招。巧妙而曲折的步骤的产生，靠的是步步为营的缜密安排，先把难题分解为几部分，再各个击破……"谈起生锈圆规，张景中的话直指核心。

在数学家们前赴后继的苦心研究下，小小的圆规变成了尺规作图的无上主宰。这是一种史蒂夫·乔布斯式的人生观：活着，就是为了改变世界。哪怕只是一支生锈的圆规。

---

① 裘树平. 中国科普名家名作——不知道的世界升级版. 中国少年儿童出版社，2009.

第四节 "筑桥"

宁可一思进，莫在一思停。

——《一代宗师》

张景中似乎从没有停下来过。他还有另外一个身份—— 一位杰出的"筑桥专家"。

这里的"筑桥"，是为深奥学术和普及大众之间搭筑桥梁。在数学研究之外，张景中的精力几乎都花在了科普作品创作上。他认为科普"是一种责任，是一种挑战，也是一种安慰。"责任是数学家继承和发扬的厚重使命；挑战是高深抽象和通俗易懂之间的有机置换；而安慰则是在追逐挑战的过程中所获得的自我完满和超越。

张景中和科普读物的渊源可以追溯到小学五六年级，那时已是抗战胜利后，在外工作的父亲常会给他寄一些汝南比较难买到的科普作品，如苏联书籍《不夜天》《几点钟》《汽车怎样会跑路》……中文作品则有老一辈科普作家刘薰宇的《数学的故事》《马先生谈算学》，山东大学数学系王峻岑教授的《数学列车》，顾均正先生的《科学趣味》以及高士其先生的《菌儿自传》等。这些书为少年张景中开启了一个五彩斑斓的科学世界，良好的文学修养和科学教化为他日后的科普创作奠定了优渥的基础。

"法布尔的书让我看到一个新奇的世界，伊林的作品让我知道了许多平常的东西包含着不平常的故事和道理。科普读物启发我思考，激励我探索，使我产生了研究和创新的愿望。"

1982 年，张景中创作了第一本科普读物《数学传奇》，此书由中国少年儿童出版社出版，被收录入《少年百科全书》中。张景中记得，《数学传奇》出版后，有亲戚向他说起一个农民的小孩从自己那儿借到这本书之后非常喜欢，整整花了一个暑假把那本书抄了一遍，他异常感动，于是赶紧买了书托人送给这个孩子。

在随后的三年间，他又陆续出版了《面积关系帮你解题》《帮你学集合》《数学游戏故事》《帮你学几何》《从根号 2 谈起》等对几代人的数学学习产生深刻影响并始终持续着影响力的数学科普著作。其中《数学传奇》和《帮你学集合》还分别在 1984 和 1988 年被翻译成为维吾尔语在新疆发行 [①]。

1983—1990 年，张景中完成了 6 万多字的科普作品《数学家的眼光》[②]。这本书对于台湾九章出版社的发行人孙文先先生来说，有着超乎寻常的意义。由于坚持所销售书籍的价值而非销量，出版社经营惨淡，举步维艰。就当快要破产的时候，孙先生引进《数学家的眼光》一书出版发行，一年就卖出去了 6 万

---

① 左传波 . 不一样的张景中 .www.docin.com/p-794597106.html.
② 此处张院士在接受采访时提到写《数学家的眼光》前后花了五年时间 .

新旧版本的《数学家的眼光》

《好玩的数学》丛书获得国家科
学技术进步二等奖

多册，这对于一年卖 500 本就算畅销书的 20 世纪 70 年代台湾出版界来说，已然成为一个神话。而如今，孙先生也已成为张景中等人发起成立的中国高等教育学会教育数学专业委员会的副理事长，这也不可不谓是数学牵起的机缘。

"我常常想一个合适的例子或者恰当的比喻就要花费两三天的时间。"诚如张景中所说，他在最大程度上用读者容易理解、喜闻乐见的方式和语言重新诠释了那些没有感情的公式和定理。张景中曾和出版社的负责人说："这本书你别逼我，我要想好了才写。"所以读者阅读《数学家的眼光》时，会觉得 6 万字的作品读来字字珠玑，处处巧妙，因为那字里行间记载了这位科普作家整整五年的光阴和心血。

陈省身先生曾在给张景中的一封信中表示"对《数学家的眼光》甚为欣赏，并建议翻译为英文……"如今这段话被印在了新版《数学家的眼光》的扉页上。也正是因为如此，这6万字的小册子在2005年获得了"国家科学技术进步二等奖"等荣誉，这是我国科普作品的最高奖项。

2005年国家科技进步奖的评委、中国科技馆馆长王渝生博士在提到这本书时谈道："我连夜读完了该书，抚卷深思，恍若隔世。我以前学数学、教数学，着眼的是数学知识和解题技巧，而张景中着眼的是数学思想、思考和思路。数学家的眼光和普通人的眼光不同。"①

2009年，张景中主编的《好玩的数学》系列丛书再次获得"国家科学技术进步二等奖"。这是非常难得的荣誉，因为一般来说科普作品获得此类奖项实属罕见。由此，张景中也在科普领域达到了新的高度——成为中国少年儿童出版社评选的"十大金作家之一"、当选"中国科普作家协会理事长"、获得"五个一工程奖"等，他甚至一度被认为是现代中国最伟大的科普作家。

一位科学家曾经说过"科学的终极价值是人文"。这话用在张景中身上非常适合，因为他不仅仅是一位埋头做学问的科学家，更是一位立足科普的"筑

---

① 左传波. 不一样的张景中. www.docin.com/p-794597106.html.

桥专家"。多重身份的交织下掩映着的是张景中对数学教学变革和传承的深刻理想。

他用科普作品筑起了一道通往数学圣殿的桥梁，精心设计成人们为之熟悉和喜欢的样式，然后牵着我们的手走过，到了对岸后将这世上最宝贵的东西赠予你。

光　明

中共中央政治局会议通过《中共中央关于加快改革，扩大开放，力争经济更好更快地上一个新台阶的意见》、美国"奋进号"航天飞机完成处女航、上海股票市场全面放开股价……这些事都发生在 1992 年 5 月。

或许我们还应该记得这样一个夜晚：远在大洋彼岸的张景中失眠了。他躺在床上辗转反侧，苦苦思索着如何将系统面积法有机地运用到机器证明研究中。多年的经验和直觉告诉他，设想的方法一旦成功，将对整个机器证明领域有着积极的意义和巨大的应用价值。张景中感到冥冥中有一股强大的力量指引着他，召唤着他。

被历史永远记住的是：面积法助他在几何定理机器证明领域踏出了尤其重要的一步。这其实并不是偶然的事——过往必然留下痕迹。

吴文俊所著《几何定理机器证明的基本原理》

第一节 "数学机械化"

丹心未泯创新愿，白发犹残求是辉。

——苏步青《九十述怀》

人类文明的发展历程就是改造自然社会的历程，当人类与周围的一切都能够和谐共处，且为我所用的时候，人类文明必然已取得了极大的发展。正所谓"与天斗其乐无穷，与地斗其乐无穷"，经历漫漫"斗"的历程，才有了今天物质文明和精神文明高度发达的社会。

1642 年，法国数学家帕斯卡设计并制作了一台能自动进位的加减法计算装置，这部"加法机"不仅是世界上第一台数字计算器，更是计算工具史上的一个里程碑。

随着时代和科技的发展，计算机强大的计算能力得到进一步发展，它对现代数学产生的深远影响也开始凸显。数学家莱布尼茨明确提出了机器可以成为推理工具的思想，笛卡儿创立解析几何的目的也是为了将几何的推理过程归结为代数的计算问题……

如果将机器应用于数学定理证明领域，又将呈现出怎样的精彩？

1950 年，波兰数学家、数理逻辑学家塔斯基得出一个引人注目的结论：一切初等几何和初等代数范围的命题，都可以用机械方法判定，并开拓了用代数方法解决机器证明的方向。

五年之后，大洋彼岸的中国。那时的张景中正在北京大学读大一，当丁石孙先生在高等代数课堂上讲到塔斯基的成果——"一切初等几何和初等代数的命题都是可判定的",讲台下的张景中深深感觉到初等几何判定问题妙不可言。于是选择了胡世华先生的数理逻辑专门化作为研究的方向,希望弄清其底蕴和原理。虽然只学习了半年多时间,大抵也算作冥冥中的缘起吧。

1959 年,美籍华裔数理逻辑学家王浩在计算机上用 9 分钟证明了罗素和怀特海所著《数学原理》中的 350 多个命题,并第一次明确地提出了"走向数学的机械化"口号。

对于中国的几何定理机器证明研究领域来说,吴文俊是一个不能不提的名字。这位世界著名的数学家,是中国数学机械化研究的创始人之一,他继承和发展了中国古代数学的算法思想,在拓扑学、自动推理和机器证明等方面都作出了杰出的贡献。

20 世纪 70 年代,中国正处于一场热火朝天的政治革命中,吴文俊偶然见识了计算机的超高效率,萌生了把计算机应用于数学机械化的想法。同时他认为,中国古代数学的几何学、方程以及矩阵都包含着独特的机械化思想,若能够把几何问题转化成代数,编程输入电脑就可以代替大量复杂的人工演算,就能够实现"数学机械化"。

基于上述想法，吴文俊开始了持续的研究：1977 年在《中国科学》上发表《初等几何判定问题与机械化问题》一文；1984 年，其学术专著《几何定理机器证明的基本原理》由科学出版社出版，书中着重阐明几何定理机械化证明的基本原理；1985 年，发表论文《关于代数方程组的零点》，具体讨论了多项式方程组所确定的零点集。这篇重要文献，明确提出了具有中国特色的、以多项式零点集为基本点的学术路线。自此，"吴方法"宣告诞生，数学机械化研究揭开了新的一幕①。

"吴方法"的核心部分是数学研究中的方程求解，即把几何学、拓扑学乃至整个数学和人们思维中的问题，都归结为代数方程或者微分代数方程组的求解问题。这一方法和理论首先在几何定理的证明方面取得了突破，并逐步发展成为我国首创的机器证明理论与方法②。

刚到科大的张景中和杨路忙于整理发表之前劳动时在动力系统和距离几何方面的学术成果。

之后一段时间大家都在考虑日后研究的方向，由于当时这两方面刚有一些重大的研究成果问世，所以短时间内暂时不会再有更大的发现。到了 1979 年，

---

① 李军.从吴文俊和吴方法谈起——数学机械化的观点.https://www.docin.com/p-676544226.html.

② 吴文俊.基础研究是创新的基础.人民网.

张景中偶然看到了吴文俊先生的《几何定理机器证明的基本原理》，他觉得这个方向可能有重要的问题没有解决，于是开始有意识地往这个方向思考学习，创造进入这一领域的基础条件。

科学从来不是一个人或者几个人的事，继往开来和锐意创新构成了真理的永恒底色。像牛顿一样站在巨人的肩上，跟着时间顺流而下，跟着真理逆水行舟。

第二节　数值并行法

> 既然选择了远方，便只顾风雨兼程。
>
> ——汪国真《热爱生命》

契诃夫说，想喝水时，仿佛能喝下整个海洋似的——这是信仰；等到真的喝起来，一共也只能喝两杯罢了——这是科学。每一位科学家都有着虔诚的信仰，最重要的是，他们小心翼翼地恪守着它、追随着它，并在一次又一次攻坚克难的旅途中将之锻造成为真理。

几何定理机器证明是指用计算机自动证明某一类型几何定理，或者某一种几何全部定理的原理和方法。主要方法有代数方法、几何不变量以及基于演绎数据库的搜索法。

1981 年，吴文俊的学生周咸青进入美国得克萨斯大学数学系学习，两年后，在美国数学年会上，周咸青关于"吴方法"的报告获得了极大成功。吴文俊的文章开始在北美地区广泛传播[1]。后来，周咸青继续完善了吴文俊的方法并实现为有效的通用程序，证明了 512 条非平凡定理，写成英文专著[2]。这一进展是自动推理领域的一大突破，被国际同行誉为革命性的工作。这让一度被冷落的几何定理机器证明研究活跃起来，令用代数方法证明几何定理的方向受到重视。

后来，周咸青等人又提出了用 Gröbner 基方法构作几何定理机器证明的算

---

[1] 光明网．吴文俊的数字之舞．http://tech.gmw.cn/2012-01/02/content_3 306220_5.htm
[2] 西安电子科技大学狄鹏硕士学位论文《Gröbner 基生成算法的并行》参考于 1988 年周咸青的英文专著 "Mechanical Geometry Theorem Proving"．

张景中与杨路一同攻克"数值并行法"

法和程序并获得成功。Gröbner 基（Gröbner Bases）理论是计算机代数发展中的一个基石，相关理论和技巧可用于解决与多项式相关或者能够转化为与多项式相关的问题[①]。

吴文俊曾在科大担任数学系副主任，在其教学思想影响下，洪加威提出使用一个例子就能证明一条几何定理的思想，也就是单点例证法，但却因太复杂难以得到实现。

1984 年张景中和杨路对此方法加以讨论，认为单点例证法太过复杂，用一组例子比一个例子更易实现。

① Shang-Ching Chou. Mechanical Geometry Theorem Proving. D.Reidel Publishing Company, 1988.

第二年，张景中和杨路同时被调往中国科学院成都数理科学研究室——创建于 1979 年的中科院数理科学研究室，主要进行数理科学及其边缘领域的应用基础研究。到了 1986 年，张景中和杨路同时被聘为中科院研究员，分任研究室正、副主任。从这个时候开始，两人便逐步转入机器证明的研究领域。

　　经过一年的努力，张景中和杨路提出了机器证明的数值并行法。传统的观点认为，要证明一个几何命题，举多少例子也不行，必须用演绎推理的方法。张景中和杨路则证明，用有限个数值实例，也可以严格证明几何定理。

　　很快，两人提出的数值并行法就由张景中的研究生李传中用 BASIC 语言和 C 语言实现了。方法的基本思想是：用数值计算代替符号计算以提高运行速度，用并行计算代替串行计算以减少内存消耗，所以更加容易实现。

　　数值并行法和"吴方法"一样属于代数方法。数值并行法的提出和实现丰富了几何定理机器证明的研究，但没有大的新突破，包括"吴方法"在内的各种代数方法，在证明几何定理的过程中，要用到多次、多项式的加减乘除。这些多项式常常是成百上千项的大多项式。对于这些计算机"证明"的过程，人们很难在合理的时间内看个明白。即使看明白了计算的过程，也弄不懂其中的几何意义，难以理解命题成立的道理，更不便于检验命题的正确性。

能不能让计算机自动生成人们能够理解和易于检验的、简洁明了的证明呢?

有科学家认为,机器证明的基本思想是以量的复杂取代质的困难,在一大堆繁复的推理证明中如何达到可读的效果。

国外一些学者从 20 世纪 60 年代即致力于几何定理可读证明自动生成的研究,但是 30 多年来进展不大,未能给出哪怕是一小类非平凡几何定理的机器证明的有效算法和程序。

又一个问题横亘在了眼前。还好我们始终坚信,远方是耀眼的,纵使这途中荆棘再多,都只是为了让人加快步伐而已。

第三节　灯火阑珊处

每个人都是一座山，

世上最难攀越的山其实是自己。

往上走，即便一小步，也有新高度。

做最好的自己，我能。

——王石

1989 年，在吴文俊先生和数学家廖山涛先生的推荐下，张景中到意大利底里亚斯特的理论物理中心（ICTP）开展近一年的访问。

此前，在意大利、新加坡、泰国的一些大学里，张景中讲述的几何定理机器证明的数值方法皆引起了人们浓厚的兴趣，这更加坚定了他继续探究的决心。

在 ICTP，借助先进的计算机设备，张景中对机器证明的代数方法做了进一步的探讨。同时，基于自己提出的想法，张、杨二人和学生侯晓荣一起对吴文俊先生倡导的机器证明的特征列方法作了一系列的改进。后来，在张景中等人的努力下，"机器证明及其应用"成为国家科委列出的"八五"攀登项目中的一项。

1992 年 5 月，张景中应周咸青邀请到美国，就几何定理机器可读证明前往维奇塔大学与该校进行合作研究。

研究过程中，张景中提出借助面积解题法来探索几何定理可读证明自动生成的新途径的想法。对此，周咸青提出疑问："面积方法不是算法，怎么用于机器证明？"

这天晚上，张景中躺在床上不停地在脑海里"画图"构思。突然灵光一现，他想到了面积法里有一个很简单的公式。这个公式有个特点：公式中有一个字母在左边出现，在右边就给消掉了。这个公式他已经用了十几年，可之前一直不知道它的本质是什么，如今悟透以后，张景中觉得自己瞬间豁然开朗。

左传波在《不一样的张景中》文中写道："有趣的是，消点法从原理到算法一点也不依赖古典几何之外的知识。这种似乎和现代计算机技术密切联系的工作，逻辑上完全可以在欧几里得时代出现。欧几里得、笛卡尔、莱布尼兹、希尔伯特这些关心过几何推理的科学大师都有可能顺手发现消点法。但它就像一颗埋在泥土中的珍珠，一直被忽视了 2000 多年。因此，在后来的许多年间，张景中在许多场合提到自己所取得的这一成就实是'实属侥幸'。"[1]

所谓侥幸，无非是天时地利人和的成全。在几何定理机器可读证明层面，张景中很清楚，这个方法可以简单地处理大量的题目，但之前有教师认为这种方法只能解决三分之一的问题，就在这一晚，张景中认识到使用消点法几乎可以做所有的题目。

---

① 左传波. 不一样的张景中. www.docin.com/p-794597106.html.

几何问题的证明往往会借助辅助线来完成，这可以对解题过程产生帮助，但却给几何证明的机械化增加了难度。因此，可读证明自动生成的实现可以选择两种方式：寻找添加辅助线的规律或者改造传统的几何方法使之适应于机械化。事实证明第一条路到目前是难以行得通的；而几何方法机械化的可读实现，正是从面积法的应用开始突破的。

因此，张景中一反传统的几何解题思路，不是添加，而是从图上去掉不需要的条件，使图逐步简化。同样是消，代数的方法是消去变元，但是在消去之前还要添加坐标，而消点法难就难在"就地消去"，什么也不添加。

而面积解题法的基本工具——共边定理，就能解决这个问题[1]！

第二天一大早，按照自己的思路，张景中用基于面积关系的消点法机械地证明了两个几何命题，回答了周咸青的疑问。这让他们对使用面积法进行可读证明自动生成信心大增，决定沿着这条路线研究。

结合当时的计算机技术，周咸青建议张景中学习 LISP 语言，用于试编新方法的程序。当一个多月后周咸青从北京探亲、开会再次回到美国时，张景中已经使用新编的程序证明了近百条几何定理。

新方法既不以坐标为基础，也不同于传统的综合方法，而是一个以几何不

① 张景中，杨路，高小山等．几何定理可读证明的自动生成．计算机学报，1995（5）．

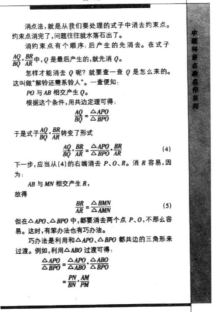

"消点法"详解

变量为工具,把几何、代数、逻辑和人工智能方法结合起来所形成的开放系统。它选择几个基本的几何不变量和一套作图规则,并且建立一系列与这些不变量和作图规则有关的消点公式。当命题的前提以作图语句的形式输入时,程序可调用适当的消点公式把结论中的约束点逐个消去,最后答案水落石出。

同年7月,高小山博士也来到维奇塔大学,投入这一课题的研究领域。他是吴文俊先生的学生,在机器证明领域已做了不少好的前期工作,并且精通编程。他的加入使工作进程更快了。张景中进一步提出用更多的几何工具,如勾股差、全角来加强消点法。高小山则提出用体积关系把消点法推广到立体几何。

第二年,基于杨路提出的想法,他们又把消点法用于非欧几何,在计算机上生成一批非欧几何新定理的可读证明，进一步发展了基于前推搜索的逻辑方法，使这一方法达到实用阶段。研究成果《几何定理机器证明理论与算法新进展》获得"中科院自然科学奖一等奖""国家自然科学二等奖"等诸多荣誉。

"众里寻他千百度，蓦然回首，那人却在灯火阑珊处。"多年后，张景中依然对那个夜晚记忆犹新，智慧火花和思维灵感的共同作用，成了一种永远无法忘怀的奇妙体验。天时地利人和已不是成功的必要条件，生活所偏爱的，恰恰是他们不畏艰险、勇攀高峰的科学信仰。

第四节　张景中的"核桃"

问题不在于告诉他一个真理，

而是教他怎样去发现真理。

——卢梭

张景中的数学家身份让他矢志不渝地探寻数学的真相，他的教育家身份又让所有的研究几乎都具有实践应用的普世价值。而后者又常常给他源源不断的灵感和动力。

就像几何定理可读证明，促使他进入这一领域积极研究的动力在于——"如果不突破这一关，几何定理机器证明就难于在教育中发挥作用，难于得到大众的理解，难于在人类文化的发展中扮演更重要的角色。"所以，当同仁们还在感慨于此项工作的巨大意义和价值的时候，张景中已经开始积极地筹谋如何将数学机械化的思想和精髓植入到数学教育的课堂中，如何因此而让数学学习变得更加容易了。这个时候的他，像极了一位为步步为营、决策果断的军事家，他让所有的一切都为最后的目的服务。

1989 年，张景中所著的《从数学教育到教育数学》一书出版，书中第一次提出了"教育数学"的概念。他认为，针对普遍反映的数学学习难的问题，不能只是研究数学怎么教，而要考虑改造数学本身，让数学变得容易起来。对此，常年工作在成都的他，带着这片土地独有的闲适气息对"教育数学"作了一个著名的比喻：

"可以把学数学比作吃核桃。核桃仁要砸开了才能吃到。有些核桃外壳与核桃仁紧密相连，成都人形象地叫'夹米子核桃'，如果砸不得法，砸开了也很难吃到。数学教育要研究的就是如何砸核桃吃核桃仁。而教育数学呢，则是要研究改良核桃的品种，让核桃更美味、更有营养、更容易砸开吃净！"①

　　寥寥数语便将数学教育和教育数学的本质和区别阐释得如此具象和清晰，精妙如张景中才能如此这般深入浅出。

　　1974 年在新疆巴州二十一团子女中学教学的经历，让张景中与数学教育结下了不解之缘。在此过程中，他也深刻地体会到学生学习数学和教师教授数学的复杂和困难。他开始努力钻研，希望能够找到一条让数学教育和学习变得简单容易的、行之有效的办法。

　　张景中创立的以面积法为核心的平面几何新体系、新方法让大量难题迎刃而解；在科大授课期间，他提出了非 ε 语言的极限定义法和连续归纳法让微分学的入门学习更加轻松……后来，经过整理和酝酿，他从这些工作中提炼出"教育数学"的概念和观点，最终归纳并做出《从数学教育到教育数学》一书。

　　此后，他陆续出版发表了《把数学变容易一些》《从数学难学谈起》《什么是"教育数学"》等关于教育数学的文章。"把数学变得容易"始终是张景中教

---

① 羊城晚报. 院士张景中：我想把数学变容易.

中国高等教育学会教育数学专业委员会成立大会现场

学研究的核心命题。他一直主张对数学的方法和结构进行改革，使之更适合于学生的学习规律，更容易被接受和掌握。

于是，科普创作就成了张景中尝试教育数学思想的一种途径。他始终认为，数学不仅是科学和技术，也是文化。文化的延续和发展需要大众的理解和参与。从深奥的研究到惠及广大师生的教育与科普，他一直在努力填补着中间的鸿沟。

为进一步发展教育数学这门新学科，建立教师骨干队伍，更好地交流学术理论和经验，开发新的教学成果，2004年5月中旬，在张景中的积极倡导和数学界、教育界等专家的共同努力下，中国高等教育学会教育数学专业委员会

（以下简称教育数学学会）成立大会暨第一届第一次理事会在广州大学召开，张景中被推选为学会理事长。

如今，教育数学学会的队伍逐步发展壮大，越来越多的数学家和教育家加入到"数学的应用与传播"的阵营中来，这不仅是 2013 年教育数学学术年会召开的主题，也是数学教育界发展的方向。

2013 年 8 月中旬，张景中收到留美博士、现 Otterbein 大学终身教授童增祥的来信。信中，他表示自己有意推动美国教育数学的研究以及中美共同的教育数学研究活动：

"我的志愿是您关于教育数学的智慧之火燎原于美国，燎原于世界。据我的认识，美国数学教育的沉疴之一就是教师的质量……如果中国政府能像推送孔子学院一样，向世界各国展示和推广教育数学，世界各国的数学教育界一定会热诚欢迎、衷心感谢……"

张景中收到后当即表示感谢，同时邀请童增祥参加 2014 年 8 月在深圳举办的教育数学学术年会。

教育数学的探究和改革势必将对改变传统的教学方法、实现我国教育事业的现代化以及推动全世界的教育发展产生积极的影响，而张景中正是发起者和

张景中（右）为教师指点迷津

推动者。他说，他很欣慰看到大家承认并认可教育数学，而且它的影响力已经在慢慢扩大。从专业到普及，从中国走向世界，必将造福整个数学教育界。

再出发

　　张景中没有因自己在几何定理机器证明方面取得的成果而停下脚步，他开始考虑如何将精深高端的理论研究与基础教育结合起来。

　　中国科技大学、电子科技大学、重庆邮电大学、广州市景中实验中学……这些分布在全国各地的学校有一个共同的纽带：张景中。十年磨一剑，他和他的团队把几何定理机器证明的精髓应用于"Z+Z智能教育平台——超级画板"中，并推广到全国学校使用，惠及千万师生。他所坚持和传播的"教育数学"思想不仅让国内的教育先驱们纷纷力挺，甚至影响到西方教育界。

　　一款教育软件引发的教育风暴正在积极迅速地改变着传统的教育模式和思维方式，而张景中正是背后的推手。1995年，由于在计算机科学技术基础学科及数学领域的卓越成就，张景中被增选为中国科学院院士。

张景中参加广州大学新生欢迎座谈会

第一节　几度春风化绸缪

故治新教育者，必以实验教育学为根底。

——蔡元培

　　"广南富庶天下闻，四时风气长如春。"这是广东南海的诗人孙蕡所作的《广州歌》。虽然诗歌中描绘的是六百多年前的广州，但一点也不妨碍我们领略这座城市与生俱来的美丽和富饶。沿海城市独有的优势让广州在社会发展进程的各个领域总是能够先行一步，独领风骚。

　　1995 年，张景中受聘为广州大学（原广州师范学院）教授。1996 年初，在张景中以及相关人员的努力下，广州大学创办了计算机教育软件研究所，张景中任研究所所长。随后又在 1998 年创办了软件所信息与计算科学本科试点班，并在当年 9 月招收了第一届"信息与计算科学"本科试点班学生。

　　教育数学思想如何快速应用到教学实践和改革中？学校教学是最直接的方式，张景中把他的教育思想转化为教学实践，要求学生在学习中理论与实践相结合，积极参与科研项目和学术活动。在张景中和软件所老师的悉心教导下，信息与计算科学本科试点班的同学们取得了突出成绩。

　　"举一己之力，献毕生所学"，张景中为广州大学课程与教学论学科建设做出了极其重要的贡献。在他的倡导和努力下，1997 年"学科教学论（数学）"被广州市教育局评为广州市重点学科。

　　2000 年，在国内高等教育体制深化改革大潮的推动下，广州市委、市政府作出了有史以来最大的一次高等教育布局大调整——张景中所在的广州师范学院与华南建设学院（西院）、原广州大学（职业类）、广州教育学院、广州高等师范专科学校、广州市城建职工大学、广州市联合职工大学纺织学院、广州市联合职工大学电信学院、广州市建筑总公司职工大学共九所高校合并组建了新广州大学。

随着软件所的发展壮大，逐步开始承担许多国家级的科研项目。如国家自然科学基金重点项目、国家973项目和全国教育科学规划办项目等，所属课题涉及不等式机器证明及其应用、构造性实代数几何与不等式自动推理、智能教育平台软件研究开发、信息技术课程建设与高素质软件人才培养等方面。

2005年6月，广州大学成立信息与机电工程学院计算机系；2007年10月，信息与机电工程学院计算机系与广州大学计算机教育软件研究所合并组建成计算机科学与教育软件学院，张景中任学院名誉院长。学院设有计算机科学系、计算机工程系、计算机应用系、计算机科学与工程实验室、数学奥林匹克中心、计算机应用研究所和计算机软件所。其中，计算机教育软件、信息安全人才培养在全国有较大的影响力。迄今为止，张景中还在广州大学担任了应用数学博士点数学机械化的研究与应用研究方向以及教育数学方向博士生导师，并获得了广东省南粤教书育人优秀教师特等奖、全国优秀教师及全国"五一劳动奖章"等荣誉。

而后,随着科研项目和学校合作的增多,张景中身上也不停地轮换着导师和教学管理者的角色:

2002 年 9 月 7 日,受聘为四川师范大学计算机科学学院院长、教授;

2007 年 5 月 15 日,受聘为中国科技大学"华罗庚大师讲席教授";

2009 年 1 月 5 日,受聘到电子科技大学计算机学院软件学院任教;

2009 年 6 月 3 日,受聘为广东广雅中学科技导师;

2011 年 9 月 13 日,受聘为重庆邮电大学计算机科学与技术学院院长;

2012 年 6 月 7 日,受聘为广州赤岗中学 (现广州市景中实验中学) 办学顾问;

……

无论是在高校内举办科普讲座,还是到普通的中学为孩子们上数学课,只要张景中有时间,他一定抽身前往。面对面的交流总是比书本上的理论更具有吸引力,所以他永远都清楚老师们、学生们需要的是什么样的学习资源和交流方式。

第二节　钻之弥坚

新鲜事物的诞生往往是应运而生的。

——叶飞

与整体下滑的经济形式截然相反，20 世纪 80 年代末的中国教育界，受到西方国家教育形势的积极影响，步入了快速发展的轨道。

对于张景中来说，再一次回到学校三尺讲台上为莘莘学子传授知识，让他倍感亲切；这个时期的他，早已不仅仅将教学停留在职业的层面，而是承担起了教学改革沉甸甸的责任。

几何定理机器证明可读性研究创造了自动推理领域新的高度，同时国外也有专家建议可以将此成果应用在教育上。于是，张景中萌生了将之做成教育软件的想法。但是能够证明机械证明几何定理的软件并不能广泛地被老师和学生们接受，为将其应用到日常的教学中，张景中和他的研究团队开始了另一种新的探索和尝试。

从 20 世纪 60 年代末到 70 年代，随着计算机在其他领域的成功应用，美国教育界意识到计算机将在学校教学中产生巨大的辅助作用，开始着力于计算机辅助教育系统的开发和研究。

1985 年，针对高中生对于数学学科中证明题的普遍抵触情绪，美国教育发展中心率先开发了教学软件模块"几何探索"，并在课堂上使用苹果 Ⅱ 型计算机鼓励学生发挥创造力，利用软件做出简单的几何图形并推测图形的性质。六年后，Key Curriculum Press 公司制作出版了第一款动态几何软件，软件的设计者是数学教授，他深知数学教师的要求，因此软件很好地体现了数学学科的特点和需求，受到师生们的欢迎。这款软件便是"几何画板"。

为了跟上这股计算机辅助教学迅猛发展的势头，1996 年，在广州大学新成立的计算机教育软件研究所内，张景中开始了"数学实验室"软件的研究开发。

国内最早研究"几何画板"的专家之一、原北大附中副校长王鹏远教授在采访中表示，我国在较早就有老师通过编程把信息技术用于物理和数学教学改革的尝试，如北京十三中的物理教师陈春雷先生。但囿于编程制作课件耗时费力而难于推广，所以在 20 世纪 90 年代以前，信息技术用于数学教学实践只是极个别人的探索。

这样的困境应该如何化解呢？南国农先生在《80 年代以来中国电化教育的发展》一文中提出：成功的电教，必须处理好两种关系——人机关系和借鉴与创新的关系[①]。借鉴已有的成果自然会给自身的发展带来许多益处，但也存在一个不得不面对的问题：功能强大、操作性复杂的教学软件如何适应我国的基础教育呢？因此，研发出一款真正适合中国学子使用的教育软件成了亟待解决

---

① 南国农. 80 年代以来中国电化教育的发展. 《电化教育研究》, 2000（12）.

张景中演示"几何画板"

的问题，张景中也由此走上了主持开发智能教育平台的道路。

1998年，广州大学计算机教育软件研究所推出基于自动推理的三款教育软件"几何平面""立体几何"和"解析几何"，也就是后来被广泛推广和使用的"Z+Z智能教学平台"的初期版本。四年后，在广州大学的支持下，张景中创立了广州景中教育软件有限公司并任公司董事长，"Z+Z智能教育平台——超级画板"由此诞生。

所谓"Z+Z"，张景中解释为"知识+智能"，而"超级画板"则是从"超级市场"这个词语中借来的，形容师生们用起来就像进入了超级市场一样，应有尽有。承袭了美国心理学家西蒙·派珀特博士在"制作中学习"的建构主义观，"超级画板"学习软件旨在让学生在一个创造性、合作性与动态实验性兼备的平台上，通过逐步操作来建构自己的知识和理论系统。

"超级画板"一经推出，立即受到了广泛的关注，它除了提供智能画图外，还包括快速计算、机器证明、编程环境等功能，满足了几何教学需求，以及代数、函数、向量、概率、微积分初步等内容的教学需求，甚至还开发了与新课程配套的课件库。

然而，和任何一款产品一样，有"几何画板"在前，"超级画板"免不了被拿来与之比较。关于这些讨论，张景中和助手彭翕成在《中国电化教育》2010 年第 276 期上发表了题为《三款数学教育软件的比较与设计思想分析》的文章，对"几何画板"、微软的 Math3.0 和"超级画板"三款教学软件从多方面进行了客观的比较，并以具体的题例加以分析：

高等数学的常见例子 $\sin\left(\frac{1}{x}\right)$ 函数，后图（上）是超级画板所作，充分体现了函数靠近 y 轴时的震荡性；后图（下）是 Math 3.0 所作，函数靠近 y 轴时的图像严重失准[①]。

文中客观地证明了"超级画板"的优势这不仅体现在几何变换、数值计算、

---

① 张景中，彭翕成. 三款数学教育软件的比较与设计思想分析.《中国电化教育》2010（1）276.

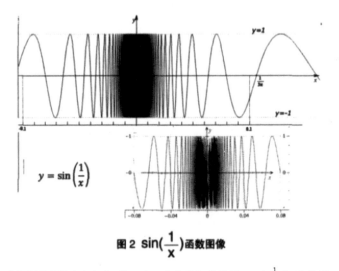

图2 sin(1/x)函数图像

"超级画板"（上）与 "Math3.0"（下）所作的 sin (1/x) 函数图

编程环境和用户操作等主要的功能性方面，最重要的是，"超级画板"深度契合了中国目前的基础教学改革现状，并为新的教学方式提供了一种先行的确切参考。

这是对新的教育方法尝试的认可，也是对张景中等研发者创新的认可。"用户体验、简化、细节"被视作苹果公司前任首席执行官史蒂夫·乔布斯的三大创新法宝，张景中虽然不是企业家，但这并不妨碍他完美领略到商业社会的基本法则：学生们是真正的用户，只有创设完美的用户体验的产品上才是一个成功的产品。

第三节 "超级画板"超级棒

一种科学要对人类的知识有所贡献，也不必勉强人家信服。相信不相信，要看成绩，它可以耐心等待用自己的研究成果来引起大家的注意。

——弗洛伊德

2007 年，张景中收到了一封特殊的来信，信中既不是学术交流，也不是问题探讨，来信者是一名叫张敬贤的河北教师。

信中，张敬贤讲述了自己儿子的故事。她在学习"超级画板"时，九岁的儿子也被软件中那些缤纷变幻的图案给深深地吸引住了，不仅减少了玩游戏的时间，还饶有兴趣地自己"研究"起了"超级画板"，并做了很多美丽的"作品"保存。张敬贤把儿子的故事写信告诉了仅有过一面之缘的张景中，她没有想到，张景中不仅亲自回复了她，还在发表于《人民教育》的一篇文章中写到了这个故事，并使用了她儿子用"超级画板"做的图。

这让张敬贤觉得备受鼓舞，决定好好培养儿子对于数学的兴趣——"我并不指望他将来能成为出色的数学家，但是我想，'超级画板'对他学习数学、理解数学一定是有帮助的。"这个时候的"超级画板"距离 2005 年正式面世，仅过去两年时间。两年虽只是时间长河中的沧海一粟，却也足够让一款优秀的软件走向市场——走进课堂和师生。

2012 年初，广州市海珠区海珠实验中学与张景中进行了初步接触后，达成了合作事宜。经过了半年多的筛选，海珠实验中学在当年 9 月份入学的初中

学生在张景中的课上积极提问

一年级中设立了"院士一班"和"院士二班"两个"院士数学教育创新实验班"。

两个班生源大部分是数学成绩中等的学生，学校根据张景中的要求，在教学中确立了数学教育的教学理念，并通过提示几何、代数和三角的密切联系，让学生构建初等数学的思维新体系。同时，以张景中所著《一线串通的初等数学》为教学蓝本，运用"超级画板"教学软件，和学生一起探索正弦在初中教学中的应用及作用。

一年之后，经过系统的训练，学生的数学成绩都有了大幅度的提高，"院士一班"在入学成绩的基础上提高了30%，以143分的平均分位居全区所有班

左传波为教师们进行培训

级的第一名，其中满分 150 分的学生有 5 人。

　　分数并不能完全反应学生的学习情况，但也是非常重要的一项考量。分数之内所包含的，是学生们逐步培养起来的数学兴趣和转变的数学思维，这才是基础教育引以为傲的地方。基于上述情况，海珠实验中学还特别开始了"境中数学"特色课程。所谓"境中数学"，是"构建于'境中'理念下的元认知数学特色课程，是对高中新课程标准中强调的培养学生解决问题、迁移概括等高阶思维能力展开的一系列相关研究与探索。"以此为学生提供宽松的数学学习环境。

　　王鹏远教授的话更像是对所有数学老师的忠告："如果我还有机会重返课

堂的话，肯定会用于我的教学中。"他赞同并努力传播软件开发背后所坚持的理念：结合我国基础教育改革的需要，减轻教师重复性工作的数学机械化思想，充分体现数学学科的特点。于是，年过花甲的他毅然决定为"超级画板"的应用普及奉献余力，不仅亲自到各地学校为师生们培训授课，举行讲座和演说，还和张景中一起合著了《少年数学实验》等书籍，并参与到各种推广活动中。

2010 年 12 月，在广州市政府和教育局的大力支持下，广州市在全国率先启动了"Z+Z 智能教育平台'超级画板'广州地区综合应用"项目；随后，佛山市也于 2012 年 3 月启动了"Z+Z'超级画板'"智能教学平台综合应用项目。项目负责人、教育部"Z+Z 教育平台运用于国家数学课程改革实验研究项目"实验工作指导小组副组长左传波老师表示，有些老师最开始没有体会到软件的好处，但运用于课堂上得到良好的反馈后，师生之间都对"超级画板"的学习充满兴趣，取得了很好的教学效果。截至 2013 年 8 月底，此项目已为佛山市五个区（每个区 2~4 个班）培训了 8000 名教师。

"现在在广东地区几乎各间学校都会用，尤其是在广州市、佛山市……学生老师都了解这个软件，应用很方便，使数学由抽象到简单……"广州市景中实验中学牛应林校长在谈到"超级画板"时如是说。2013 年 4 月 18 日,张景中和广州市海珠区教育局签订办学协议,在景中实验中学进行教育数学课程实验,并在该校特设了两个以"超级画板"软件为主要教学的"院士数学教育创新实验班",由张景中和其团队亲自进行授课和指导。

不只在广州地区,近年来,重庆、成都、武汉、长沙等地均对"超级画板"进行了不同程度的普及和推广。长沙市教育局还于 2012 年底发布了"关于在全市中小学推广使用'超级画板'的推荐函"的公告,在全市范围内提倡使用。

2008 年 7 月中旬,有"数学教育界的奥运会"之称的"国际数学教育大会(ICME)"在墨西哥举行第 11 届会议,中国数学教育学会准备的大会报告中,"超级画板"是唯一被介绍演示的中国软件。左传波老师在国家展示大会报告中以"超级画板"为例作了"信息技术与数学教育"主题报告,各国同行纷纷表示希望继续交流和学习。

"只有'超级画板'能代表中国的数学软件。"这是在采访中左传波老师留给我印象最深的一句话。这个功能强大、操作简便的软件必将参与和引领信息时代中国数学的崛起之路。

第四节 谈"'景中文化'特色教育"

能培养独创性和唤起对知识的愉悦，是教师的最高本领。

——爱因斯坦

十三年前的赤岗中学，是广州市城郊一所名不见经传的初级中学。十三年之后，它成为广为人知的"广州市景中实验中学"，这不仅是一个"面子"上的提升，更是一个全新的创新型特色教育学校的精彩蜕变。

"景中文化"特色教育是在新形势下对先行基础教育体制的积极尝试和实践，是一种以学生为中心、以特色创新教育为依托的新型教育模式。

2013年4月18日，赤岗中学正式挂牌更名为广州市景中实验中学，张景中和该校合作开设了两个数学实验班，旨在建构学生的数学思维体系，践行其教育数学创新思想。这是校方积极寻求改革发展的先行探索，也是张景中多年来苦心经营的教育软件和教育数学思想的一种全新的应用和实施。

合作的渊源来自于双方理念上的契合。

当大部分学校还在一味追求成绩和升学率的时候，广州市景中实验中学提出"为学生的一生幸福奠基"的办学宗旨，在培养知识技能的同时，重视品德的塑造，这是让学生、家长和老师都感到幸福的一个过程。学校对于教育任务和意义的思考不可不谓深入。而从张景中的角度来说，自新疆开始，基础教育就在他的科学生涯中占据了相当大的分量，他迫切希望把自己潜心研究的教育理论和思想应用于教学中，为先行教育制度带来积极的变化。这又何尝不是对学生的爱呢？

张景中与广州市景中实验中学签署合作协议

高屋建瓴的决策之后，是具体可行的计划实施。如何才能构建一个让学生、老师和家长都感到幸福的教育环境呢？

很显然，"景中文化"的核心是"景中"，也就是如张景中这样的老一辈科学家所代表的精神——发愤图强、自强不息、追求真理、格物致知、立德树人、传承发扬、主动发展、培育创新。

对景中实验中学来说，"幸福"不是口号，而是切实的行动。"一礼二拓三化"的幸福教育模式和"136 高效课堂模式"将"景中文化"的内涵和外延阐释得分外透彻。但凡提到"模式"，都应该具有某种有理可循的规律，然后才是各种活动。"景中文化"便是以上述思想为理论基石，开展一系列创新教育教学活动。

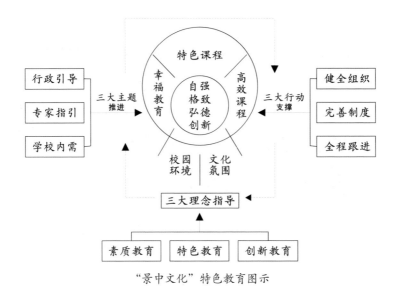

"景中文化"特色教育图示

　　而在社会快速发展的浪潮中，学校也主动或被动拥有了市场经济的某些特征：竞争性和开放性。竞争性体现的是学校的办学特色，开放性则体现的是创新性的办学思想。

　　为"凸现理科特色"，在广州市教育局的大力支持下，景中实验中学建立了张景中院士工作室和数学实验室。同时，张景中团队还专门编写校本教材《景中数学实验教材》，开办数学教育创新实验班和数学兴趣班。

　　2013年的七夕，景中实验中学牛应标校长来到成都，就数学教育创新实验班校本教材的修订意见请张景中审阅，同时接受了我们的采访。

　　"9月份我们的院士实验班就要准备行课了，在学生和家长们的踊跃报名下，实验班由原来的2个增加到了4个，这是一个好的开始。"

诠　释

　　故事接近尾声，传奇仍在继续。

　　一个人本身就是对于时间和经历最好的记录，眉眼间的每一道沟壑都是一个丰富的故事，每一个笑容都是一次对于生活深刻的感悟。

　　佛说："什么时候随缘，什么时候就顺利。当你无所求时，才会无所不有。"张景中或许属于这一类人，七十余个春秋中那些大起大落、大悲大喜成为发自心底的灿烂笑容。为飞速发展的国家，为无限可能的数学事业，也为自己一路的坚持和选择，他终于遇到了已知的那个自己——坎坷并精彩的人生丰富得像一本厚厚的当代史册，细细阅读，方能品味出那些如陈酿般的醇厚。

第六章　大爱如歌　大道无垠

张景中（左）与杨路

第一节　朋友一生一起走

友情不是茶，越喝越淡；友情是酒，越陈越香。

——民谚

1998 年 1 月 7 日，腊月初九，正是新年欢聚时。

《华西都市报》头版刊登了科技界的新年喜讯：张景中院士科研成果获国家自然科学二等奖。[①]

虽然媒体上关于此项成果的报道对其他研究成员所提甚少，但张景中心里比任何人都清楚，取得的成果和所有人的努力是分不开的。在这样荣誉加身的时刻，张景中对于一直和自己携手攻克科学难关，亦战友亦朋友的杨路在感激之外更加惺惺相惜。

如果单纯以朋友来标榜两人之间的关系，会不会过于苍白呢？现代社会对朋友的定义和期许千差万别：为利为权也好，酒桌朋友也罢，但张、杨二人一同奋进在科学大道上的真挚情谊依旧让我们相信还有一种最简单直接的友情：君子之交，志同道合。

巧合的是，当时中国数学界也有一对非常著名的"张杨"搭档，就是张广厚和杨乐，两人合力在函数模分布论等领域作出了很大的贡献。而杨路之所以能够和张景中在事业上合作，并且保持多年的朋友关系，这与两人高度相似的人生经历是分不开的。

同样在 1954 年考入北京大学，同样是数学系的尖子生，相同的人生理想

[①] 阳关．人生平淡第六部附录：《关注社会》——"我知道的学者张景中和杨路"．

和社会抱负又让两人在一场运动中双双被划为右派：一个在荒原筑路，一个在井底挖煤。艰苦的生活依然没有减少两人对于生活和科学的执着信念，甚至一度靠着书信继续未完成的"事业"，寄托曾经被时代湮没的理想。二十年后两人在中国科技大学重逢，此中情谊没有随着时光疏远，反而发酵出更醇厚的滋味。

也许两人从第一次合作论证那道错误的例题开始，就注定了他们在科研事业上长久的相互扶持。唐朝有一位诗人写道："人生结交在终始，莫为升沉中路分"，我想这是对张景中和杨路最准确的解读吧。

"文革"结束后，张景中在不到一年的时间里就在国内刊物上发表了十余篇论文，北京大学和中国科技大学都同意接受他去执教，因为曾经的老师和同学，他留在了中国科技大学。而他之所以被调到四川，也和杨路有莫大的关系。

颠簸了几十年，当生活再次回到正轨的时候，杨路和张景中都已是迈入不惑之年的人了。事业开始热火朝天地继续，也就到了解决个人问题的时候了。

杨路先行了一步，他在改造期间结识自己后来的妻子张锡铮。张锡铮是西南农大植保系 57 级毕业生。

　　特殊年代中相似的人生经历和遭遇让张锡铮与杨路惺惺相惜，相互扶携。张锡铮一直默默地支持着杨路的工作。因为大哥的原因，虽然是知青，但张锡铮没有下乡，后来在中科院成都分院工作[①]。张锡铮为张景中和杨路在劳教期间的书信交流作出了很大的贡献。

　　而张景中与妻子周碧如的缘分也是因为杨路夫妇。那是在 1972 年，远在新疆的张景中获得探亲假回河南汝南看望分别已久的父母和兄弟。利用这个难得的机会他又到成都去看了杨路。在张锡铮和杨路的介绍下，张景中认识了未来的妻子周碧如。这迟来的爱情使张景中非常感动，珍重终生。

　　张景中就这样成了四川女婿。来川后，张景中任中国科学院成都数理科学研究室主任，杨路任副主任，同时杨路还兼任四川大学数学系教授。

　　西方对于朋友有这样一个说法：聪明人与朋友同行，步调总是整齐划一的。张景中和杨路何尝不是如此呢？他们在或平行或相交的岁月里一同走过了大半生，虽然甚少将这种情绪表达出来，却总无意间流露出同志之士的惺惺相惜——无须言语，尽在心间。

　　得一知己，夫复何求。

---

　　① 西南农大植保系 57 级毕业生：http://zhibao.swu.edu.cn/bys/1957.htm.

第二节　雁南飞

到不了的都叫作远方，回不去的名字叫家乡。

——南拳妈妈《牡丹江》

在以家庭为最重要社会单元和情感联结纽带的传统文化浸染下，很多人都会有一种衣锦还乡、荣归故里的情结，尤其对于在外多年的游子而言。

张景中也是游子，自从十八岁考入北京大学离开老家后，他便甚少回到老家河南，更不用说那二十年西域的艰辛。而今的张景中对于家乡来说自然已不仅仅是"荣归"的意义了，他载负起的是家乡承前启后、继往开来的亘古梦想。

"人归落雁后，思发在花前。"繁忙如斯的张景中也会时常抬头眺望北方，那个生他养他的地方。

2002 年 12 月 26 日，66 岁的张景中终于抽空回到了阔别数载的家乡汝南。此次返乡之旅，张景中的主要行程安排是看望入院的父亲以及汝南师范著名语文教师张乐群。

对于自己私人的事情张景中不想张扬，也不想因为他的院士身份而被家乡领导给予任何优待①。"他不想打扰县领导和其他人，便不声不响地住进天中山宾馆，白天去医院陪护父亲，看望亲友，畅叙亲情；晚上回宾馆读书，看报，休息……"回到家乡，他不再是研究所或高校中整日忙于科研课题和报告讲学的张院士，而是一位家乡的赤子，是父亲永远最爱并为之骄傲的儿子。

---

① 汝南高中．张景中回汝南．

不过回乡一事还是被时任县委书记杨崇林、县长崔喜成等领导得知了，他们主动到他下榻的宾馆拜访，希望他能够为家乡的发展出谋划策。

　　此时正值党的十五大召开后的第五年，河南省的教育事业也随着社会的步伐，稳步发展。农村义务教育、高等教育管理体制、毕业生就业制度、办学体制改革、高校科研水平与成果转化率以及农村、城市与企业教育综合改革的推进等方面均有较大程度的提高。

　　张景中细细了解之后加以赞扬，同时他表示，希望家乡领导坚持走科教兴县之路，加大教育投入，强化基础教育，建立吸引人才和培养人才的创新机制，为汝南经济腾飞积聚力量。

　　12月28日，雪霁天晴的周末，张景中在回乡后的第三天应邀到母校汝南高中为师生们作报告。学校2000多名师生以最高的礼仪欢迎这位受人尊敬的家乡科学家。

　　"负山面淮，控扼颍蔡。"汝南自古就留下了许多引人入胜的历史故事，汝南高中也因此积淀了深厚的历史文化底蕴。

　　汝南高中全称汝南县第一高级中学，始建于1905年，历经清、民国直至今日，曾高举"五四"科学民主大旗，积极投身学生爱国运动。张景中就是在

如今的汝南高中

这样一个人杰地灵、物华天宝的地方度过了他的少年时期。

虽说物是人非，但一切都是那么熟悉、那么亲切。张景中在报告中深情地回忆了在母校度过的宝贵时光，感谢老师们的教诲之恩。

谈到我国的经济发展和社会进步，张景中感叹改革开放为科学家和科研事业提供的优越条件。从科教兴国战略到国际竞争、知识经济，从全球经济一体化谈到现代化建设对人才的需求，整场报告可以说是高屋建瓴、高瞻远瞩。

说起两年前，时任国家主席江泽民打电话与他讨论一个几何问题的时候，张景中神采飞扬，脸上竟荡漾起了孩子一般幸福的神色，师生们都被吸引住了。

国家领导人对于人才和知识的高度重视让大家很激动。报告会结束后，张景中满怀深情地为母校题词："母校恩情重，故乡情义深。"

新年元旦之后，张景中返回了工作单位，虽然只待了短短一周时间，但是此行却让张景中心里有一种满足感。思考再三，临行前他给时任汝南县教体局局长霍桂梅写了一封信，对于家乡振兴教育事业提出了自己的建议，包括如何树立教育品牌、创立数学实验基地、培养人才等具体的想法和措施。

父亲已经老去，家乡却在时光的更迭中焕发出了别样的生机。他是父亲的儿子，也是汝南的儿子。虽然常年在四川、广州等地奔波，但心底深处对于家乡的惦念从未有一点消退。广袤的汝南土地仍然让人魂牵梦萦，根一直在这里，心始终和你们在一起。

第三节　心不妄动

命由己造，相由心生，世间万物皆是化相。心不动，万物皆不动，心不变，万物皆不变。

——佛语

佛家认为，人生有三重境界。第一重境界：看山是山，看水是水；第二重境界：看山不是山，看水不是水；第三重境界：看山还是山，看水还是水。我们常常以为看到了第二重境界就看到了人生的终点，庸碌一生，终无所获。而能够达到第三重境界的人，必然是获得超然的集大成之人，张景中是也。

莽莽少年，他也有过一腔热血为理想的激情时代；黄金岁月，交付给荒原反而让他更加坦然；再次入世，一手打造了叱咤国内外的数学王国……

和张景中谈话，乡音未改的他永远不疾不徐，逻辑清晰，一笑起来眼睛弯弯的。这样的形象，符合人们对"德高望重、平易近人"长者的想象。"尽量长话短说吧……"这是他对我们采访的唯一要求，因为在他看来，为自己著书立作还不是时候也没有必要，他对自己的认识异常清晰。

和"院士"这个词语绑定在一起的多属于人们的既定印象：淡泊名利、锲而不舍、谦逊低调……他们的人生本就已是一本厚厚的书。没有刀光剑影的武侠江湖，也鲜有缠绵悱恻的风花雪月，有的只是平平仄仄之后的淡然，与你看到他们本人时的感觉一样。

"您能谈谈您与张院士在接触和交流的过程中，留给您印象最深的事

张景中在思考中

吗？"当和受访者交谈时，我无比期待能够找出他们口中的院士身上和普通人一样的喜怒嗔痴。走下神坛的，才是本真。

在后辈心中，他早已成为一个不可被复制的传奇。而面对这些目光炙热的青年，张景中看到的是年轻时候的自己。那年的彭翕成还只是一个初出茅庐的大学毕业生，因缘际会在求职中联系到张景中，这位鼎鼎大名却素未谋面的数学家的热情和耐心让他倍感温暖：

小彭，你好！

看了你的资料，欢迎你到我这里工作。

不过，景中公司虽然用我的名字，我没有参加实际的管理。该公司的情形也不理想。不知道你考研的情形如何。如果没有成功，我建议你申请到华中师范大学教育信息技术工程研究中心来工作。目前我是该中心的学术委员会主任，每年有较多的时间在那里工作。我可以推荐你到我负责的课题组来。

如果你同意来华中师大，我就把你的资料给该中心领导。

祝成功！

"得遇张师后，我处世、作文尽以先生为准……张师与我，是师与徒，如父与子。①"《师从张景中》字里行间流淌着作者对张景中的敬佩、崇拜和爱戴。从彭翕成的角度来看，这个导师影响了他的一生，纵使如今尚未能取得如他一般的成就，但在人生的重要阶段得到的潜移默化的影响，却是任何名利都无法媲美的宝贵财富。

所以当看到我在初稿中写到"张景中乐于接受外界采访"时，彭翕成立刻联系我指出其中的不妥，我仔细翻阅了资料后发现还是我的主观思想在作祟：老人家确实接受了很多采访，也经常到全国各地举办讲座和学术报告会等，但他其实一直是一个个性低调、不喜张扬的人。这份纠正背后，有对师长的敬爱，也有深受一个严谨的科学家熏陶的较真。

"抛开'师长'的身份，张院士对我来说有时就似邻居的大爷，和蔼慈祥、

---

① 彭翕成.师从张景中.

平易近人。有时更像自己的老父亲，十多年来对我总是关爱有加，有求必应，默默地为我保驾护航。"这是张景中留给深圳市西乡中学教导主任赵小明的印象。

1999年7月中旬，彼时作为西乡中学数学科组长的赵小明，参加了深圳市教育局举办的张景中《数学教育与教育数学》培训班，他第一次见到了张景中，见到了"超级画板"，当即被这个功能强大的软件和张景中的教育数学思想所折服。于是回校说服领导从有限的办公经费中拿出3万元用于全校数学教师进行"超级画板"的培训。尔后，西乡中学建立了数学计算机虚拟实验室，每周在实验班中开设数学实验课，取得了突出的成绩。2003年，赵小明被评为"模范教师"。

张景中对人的影响是热烈的，也是悄然的。原邛崃市羊安中学校长赖虎强说，有时晚上11点发邮件给他，他如果在线的话很快就回复了，一般是在当天之内。这让他既感动又心疼：老人家这么大年龄了还这么拼搏，我们作为后辈更应该努力。是人格魅力的感染，也是教育思想的吸引——卸下荣耀，他决定跟随他。

如今，山和水都没有改变，张景中也没有，他的心境还和北大时一样吗？

我认为是的，只是随着时间和年龄的增长对于问题的看法变得更加成熟了而已，这种成熟，与世俗无关。

福兮祸兮？被放逐的那段经历已经成为张景中辉煌人生里一道具有象征意义的符号。如果没有曾经，他是不是会年纪轻轻就问鼎菲尔兹奖？是不是会取得超越今天的成就？这些疑问或许已毫无意义。

人生在世如身处荆棘之中，心不动，人不妄动，不动则不伤；心动则人妄动，伤其身痛其骨，于是体会到世间诸般痛苦。他本着一颗不妄动的心一路走来，无论荣辱，不管悲喜，只做着自己认为应该做的事。

第四节　遇见已知的自己

以家为家，以乡为乡，以国为国，以天下为天下。

——《管子》

初次采访张景中时，多少有些忐忑。

"张院士现在在开会，麻烦你们稍等会。"张院士的助理、中科院成都计算机研究所院士办副主任秦小林博士热情地招呼着我们。

他递给我们一本书——那是之前提交给院士审阅的初稿，"张院士特别忙，但还是专门抽时间认真地看过了，并在上面做了批注，供你们参考。"秦主任一边介绍，一边翻给我们看。细看之下，几乎每一页都有文字批注或者将右下角折起来，这让我感动又有些愧疚。

"愧无涓埃报华夏，剩有精诚攀昆仑"①——这是张院士在四十年前就深埋心底的厚重情感。

二十世纪中期的中国，跌跌撞撞地前进着。时代的谬误和命运的波折从来不曾减少张景中心里对祖国的热爱和对科学的信仰。北大度过的三年时光，盛极一时的民主和学术之风，奠定了张景中为学和研究的基本底色。还有那些令人敬佩的师长和互助友爱的同学们，全都化作一块充满希望的烙印永远留在了张景中心上。无论风雨还是雾霾，他的心中始终有一抹阳光。

他从来不回避过去："我不可能改变整个国家已经形成的公理系统。那就

---

① 罗炎明，梁铭镝．涓埃报华夏，精诚攀昆仑——记著名科学家张景中．中国科学院院刊，1996.

保持乐观心态的张景中

必须找适应这个公理系统的方法。因为马克思说过，一个人能对社会的影响是非常有限的，因为你在对社会产生影响之前，社会首先要影响你……"回忆之间，尽显赤诚，言语之外，已然超脱。最难能可贵之处在于能够理智而清醒地看待国家和社会变迁所产生的震荡，从而更加理解它、热爱它。

枯燥艰苦的环境和日复一日的繁重劳作，再加上不被认可的身份，换作任何人在任何时候来承受这一切都绝不是一件容易的事，倘若没有坚定的信念和强大的内心，这二十载的光阴如何度过？

张景中平静安然地走过了这段日子，他的信念源自于他对于这个年轻国家未来的绝对信任和对数学无可替代的热爱。他在信中对同命运的校友说："如果政策宽松，我们也许不用等到白发苍苍就能为国家做贡献了。"

当问及"您觉得过去二十多年的生活与后来的研究成果之间有何关系"时，张景中淡淡地说，他没有想过，他能够总结的便是，这个时期的生活让他接触了很多底层的群众，由此产生了一种造福于大众、为大众带来好处的情结。而这种情结投射在数学研究和教学中，便是用研究所得造福广大师生。

"愧无涓埃报华夏"，被社会误解的伤痛几乎是不可承受的，而对张景中来说个人的荣辱并不是他首要考虑的问题，在他看来不能以一己之力报效国家才是极大的愧疚。

"剩有精诚攀昆仑"，那就让我将满腔的热爱和全部的精力都交给数学吧。精诚所至，金石为开；韬光养晦，蓄势待发。

张景中徜徉在数学的海洋中只取一瓢，虽然从来不曾渲染这份热爱，已经达到一种"淡得此中味，五味行得传"的境地。有人说，你所经历的任何事都会为你的以后留下痕迹，无论大小、无论好坏。而张景中似乎得到了命运更多的眷顾，那些或好或坏的日子我们已经看不到了，在他身上唯留下那份从容淡然的态度，不变的乐观天性，以及从不满足、永不言弃的科学精神。

当社会秩序回归正常轨道，张景中终于遇见了那个已知的自己。那些在梦中出现了无数多次的数学公式，那些充满激情的讨论以及那一篇篇闪烁着灵感的论文都在 1978 年后实现了。

身处微时的那些理想不仅没有随时间的推移变淡，反而更加清晰地日日激荡在他心头。恍惚中似乎回到了未名湖畔的日子，除了同样狂热地汲取着周围的养分，而今的张景中，源源不断地释放着他沉积了二十年的能量。

各种荣誉纷至沓来，张景中的心并没有被那些光环遮住。对于经历过大是大非、大起大落的人来说，荣誉并没有人们认为的那么重要，他们的标尺，还是心底长存的那份信念和坚持。从离家求学的那天开始，豫州土地就成了远方游子遥远而深情的寄托，原谅我不能陪伴在侧，你的每一次心跳都牵动着我，一刻也不敢忘怀。

而国是放大的家，她是我的恋人——从古至今，青梅竹马一向被视为最纯粹美好的爱恋。对于院士们来说，他们几乎都是随着国家一道成长起来的，心中自然有一种后辈无法理解的赤诚和期冀。她是我的母亲——"为什么我的眼里常含泪水，因为我对这土地爱得深沉。"即使她曾经对我有过误解，但她终究是生我养我无人能替代的母亲，而我，将永远是她最诚挚的孩子。

家国大爱是一种无形中的神奇力量，它铸就的是一个人高尚的品格、光辉的精神和伟大的事业。

汝南儿女爱无疆，一片丹心耀中华！

写成这本书，也许是对我的二十五岁最好的怀念。

本书的素材大部分是从网络上搜索所得。其中张景中先生自己所写的《重聚未名湖》和张先生北大同窗、汉字激光照排系统创始人王选先生的《回忆北大数学力学系的大学生活》对于张先生的大学生活、"文革"经历和二十年后再度归来都作了较多的阐释，而我只是在此基础上再进行选择和加工。

但是对于张先生大学以前和现在的系统研究，单凭网络的力量所获甚少。好在按照既定程序，院士采访组一行早在此书酝酿之前就拟好了院士的采访提纲，经过半年时间和一些意外的波折，我们终于于 2013 年 6 月 24 日在中科院成都计算机应用研究所院士办公室采访到了张景中院士。

采访时间虽然不长，但是对于本书来说，却填补了书中对于人物成长历史和饱满性格的单薄之处。张院士本人还专门抽出宝贵的时间审阅了初稿，并对文中一些错误用标记指了出来。更重要的是，此次采访过程中，院士还为我们提供了一些非常重要的外围采访对象名单，以协助进一步内容完成。

从联系外围采访对象到资料收集完成，用了两个半月的时间。从广州市景中实验中学的牛应林校长到张先生在华中师范大学国家数字化学习工程技术研究中心的助手彭翕成老师，以及在佛山专门进行"超级画板"培训的左传波老师和原邛崃市羊安中学的赖虎强校长……或当面采访，或通过网络进行采访，他们都为本书提供了翔实而丰富的材料，在此一并谢过。

前期囿于人物资料收集的单一性，添加了较多作者主观的看法，所以放在文中难免对客观事实造成一定影响，经彭翕成老师建议，现已进一步修正。

张景中先生近年来为了推广"Z+Z智能教育平台——超级画板"软件和其教育数学思想理论而常到全国各地的学校讲学、作报告。张先生其人幽默谦和，平易近人，学生和后辈也早已有为他做传的想法，但老人家一直不是很赞成，他觉得时间尚不成熟。而我，竟然非常荣幸地获得了这个机会，自当好好珍惜，用笔下的文字来回馈为本书的创作提供了支持和帮助的人们。

最后，感谢文中标注出处的文字或者图片的作者们，因无法一一联系到资料来源的单位或者个人，在此表示深深的感谢。这里也特别感谢四川省委宣传部、四川省科技厅、四川省科协对本书的大力支持。

作者于 2013 年 9 月 7 日

张景中院士大事年表

1936 年

12 月 30 日，张景中出生在河南省开封市的一个教师家庭。

1954 年

9 月，张景中考入北京大学，被分在数学力学系 5 班。在学习函数的微分法时，《数学学报》上发表了一个用十进小数构造"处处连续但处处不可微函数"的错误例子。张景中和 4 班的杨路（当时名杨九高）一起给出一个正确的例子，后发表在武汉的《数学通讯》杂志上。这是张景中和杨路近半个世纪合作的开端。

1955 年

张景中在解析几何教科书上看到函数方程 $f(x+y)=f(x)+f(y)$ 的连续解只有 $f(x)=cx$，他想到一个确定它全部解的方法，写成论文在《数学进展》刊出。后被时任《数学进展》主编的华罗庚含蓄提出前人已做过研究，目的是让他学会做学术研究的入门规矩。

在此期间，北大数学系学生课外学术活动很活跃。张景中参加了丁石孙先生所指导的代数课外小组。先是研究矩阵的无穷乘积，后来又对函数的迭代问题产生了很大兴趣。有些结果直到二十年后才发表。

张景中听丁石孙先生讲高等代数时提到了塔斯基（Tarskii）的一个新成果：一切初等几何和初等代数的命题都是可判定的。感觉初等几何妙不可言，深不可测。于是选择了胡世华先生的数理逻辑专门化作为研究的方向，希望弄清其底蕴。这是后来张景中研究机器证明领域的最开端。但后来只跟着学了半年多，就被送去清河农场劳教了。

1956 年

北京大学开始分专业，张景中和张恭庆、陈天权、杨路（杨九高）、洪允楣等一批成绩突出的同学选了数学专业。

夏季时分，北大规定自学某门课，在开课前考得优良成绩者可以免修，张景中免修了实变函数和复变函数两门课。

1957 年

5 月，张景中在第三阅览室墙上贴出"急流勇退"大字报，后被错划为右派。王选在《回忆北大数学力学系的生活》一文中对此过程有如此描述："一位 1957 年曾任北京团市委负责人的干部来医院探视，谈起张景中，她表示当时划右派时就十分犹豫，因为他的功课太好了，很舍不得。"

1958 年

2 月，张景中在北大整风运动中和杨路同时被开除学籍，送去劳动教养。起初在半步桥收容所经过半月"学习"，到天津附近的茶淀站后，分配到清河农场劳动。最开始是在于家岭西村，后来又到了 584 分场、化肥厂、于家岭东村等地。张景中在劳动时随身有几本书，其中《数论基础》是最常翻看的。他在农场里，种过小麦、水稻，在土化肥厂里烧过石灰，做过盐酸。干得最多的是挖泥和抬土，并在此过程中经历了三年自然灾害的严酷磨炼。

1959 年

张景中本应毕业于北京大学数学力学系，但在二十年之后才领到毕业证。

1962 年

张景中解除了劳动教养关系，留在农场当"就业人员"。其间调到了农场的航运队，乘船沿金钟河来往于天津和清河农场之间。从天津运回垃圾当肥料，又把农场生产的葡萄运到天津，比在大田劳动轻松。有更多的时间看书、思考，甚至有一些研究结果成文投稿。

这段时间杨路还没有解除劳动教养关系，但也调到了条件较好的北京团河农场。张、杨常常通信交流心得，讨论几何算法和函数迭代。很多研究与国外重复了，也有不少在二十年后才发表。

1966 年

8 月，"文化大革命"开始，与为期 4 年的张杨通信中止，张景中和北京几个农场的就业人员组成了新疆生产建设兵团工二师的一个工程支队。修一条 400 公里长从库尔勒到若羌的公路。1972 年公路完工后，张景中所在的七连到了巴州二十一团场，定名基建连，任务是建设房屋和农田水利工程。张景中在新疆度过了 12 年零 4 个月。

随后，张景中摘了右派帽子，有了更多学术自由。之后张景中找到了被调到四川大邑新源煤矿劳动的杨路，两人恢复通信。信件由杨路的妻子张锡铮传递，大多是讨论几何算法的，是 20 世纪 80 年代发表的许多论文的基本内容。

1972 年

张景中获得探亲假回河南汝南看望分别已久的父母和兄弟，他利用机会到成都看望杨路，在成都遇到后来的妻子周碧如。

1973 年

在巴州二十一团场组织部工作的中学同学郭秀华建议调张景中到团场子女中学当代课老师，校领导提出异议。

1974 年

4 月，张景中被调到二十一团子女中学初二年级讲平面几何。为便于学生理解，摸索出"面积解题法"，向学校领导提出教材改革建议，但未被采纳。

1975 年

由于主张强调"基础知识学习"，张景中在"反击右倾翻案风"运动中受到批判，被清出学校，回基建连劳动。

1976 年

10 月上旬，在公布"四人帮"问题的前一天，一起劳动的记者老李告诉张景中：中国的命运改变了。几年后张景中在北京参加学术会议，和成为《瞭望》杂志主任编辑的老李相遇，并根据杂志上一篇文章的作者署名和单位，与校友洪加威取得了联系。由于洪加威的推荐，广东肇庆师范学院来函向巴州二十一团商调张景中，团里不同意，再次将他调到子女中学。

1978 年

张景中开始重新发表论文，根据巴芒计算台形体积的公式提出了另一个消除了这些缺点的公式。文章发表在《数学的实践与认识》上，团政治部建议署名为"新疆巴州二十一团子女中学数学教研室"，后来又在《计算数学》发表一篇，署名井中。

张景中与周碧如联系 6 年后举行婚礼。

3 月 18 日，全国科技大会召开后，中国科技大学领导到处网罗人才。张景中北大同学熊金城、赵立人和老师陶懋颀都在科大数学系。他们在寻访张景中的下落。熊金城从洪加威处知道张景中在新疆，科大发一封电报，邀请张景中到合肥进行学术交流。另一封电报发给了在四川大邑的杨路。

陶懋颀先生带着调函飞往新疆首府乌鲁木齐，拿到必要的文件，乘汽车长途跋涉到南疆的库尔勒，到最基层的二十一团，取到了张景中的档案。

12月，张景中和杨路历尽磨难20年后第一次在大学校园里相会。

1979年

张景中进入中国科技大学从事教学工作。在科大工作的6年中，他为数学系、少年班学生讲授微积分。为了克服微分学入门的难点，提出了非 ε 语言的极限定义方法，以及连续归纳法。

北京大学对张景中的右派问题给予纠正。

张景中从《中国科学》上看到了吴文俊先生提出几何定理机器证明新方法的论文，开始考虑进入这一领域。

1980年

张景中任中国科技大学讲师。

1981年

张景中升为副教授。

1982 年

张景中在中国少年儿童出版社出版了第一本科普读物《数学传奇》。后陆续为青少年创作了《数学家的眼光》《数学与哲学》等书。

前期与曹培生合作研制出基于非线性振动的木工电磁振动刨床，成果《安全、节能、低噪声的木工电磁振动刨床和木材的电磁振动刨削工艺》获国家发明二等奖。

1983 年

在中国科技大学任教的单墫、张景中、杨路三人用几种不同的方法对美国著名的几何学家佩多关于"生锈圆规"提出的两个问题作出了肯定的回答。他们的研究成果后来刊登在国际期刊《几何学报》上。审稿评论称："该结果如此惊人，如此重要，其方法又引人入胜，我无条件推荐它发表。"佩多在《美国数学月刊》上发表的一篇评论文章中说："杨、张是中国几何学界的阿尔法和欧米加"。

1984 年

在吴文俊的影响下，洪加威提出一个例子就能证明一条几何定理的思想。

张景中与洪加威讨论了此问题，认为用一组例子比一个例子更易实现。

1985 年

张景中和杨路同时被调往中国科学院成都数理科学研究室。

1986 年

与洪加威进行讨论后两年，张景中和杨路提出了机器证明的数值并行法：用一组例子证明几何定理的数值并行法，并由张景中的研究生李传中用 BASIC 语言和 C 语言实现了。数值并行法被美国《理论计算机科学》审稿人认为"这是一篇杰作，并是重大创新"。

张景中和杨路同时被聘为中科院研究员，分别任研究室正、副主任，主要从事数学方面的基础性研究工作。

1989 年

张景中在《从数学教育到教育数学》一书中提出"教育数学"概念。

在吴文俊先生和廖山涛先生的推荐下，张景中到意大利底里亚斯特的理论物理中心（ICTP）开展近一年的访问。在意大利、新加坡、泰国的一些大学里讲解几何定理机器证明的数值方法。

1990 年

张景中被评为新中国成立以来贡献突出的科普作家。

1991 年

张景中开始享受国务院政府特殊津贴。

1992 年

5 月，张景中应周咸青博士邀请，前往美国维奇塔大学进行合作研究。经过一个不眠之夜，张景中从面积方法解题的大量经验中提炼出使用"共边定理"等工具通过消点可将面积法用于机器证明的结论。周成青博士建议张景中学 LISP 语言，试编新方法的程序。

6月，张景中用新编的程序已经证明了近百条定理。

7月，吴文俊的学生高小山博士也来到维奇塔大学加入张景中和周成青的机器证明行列。张景中进一步提出用更多的几何工具，如勾股差、全角来加强消点法。高小山则提出用体积关系把消点法推广到立体几何。随后基于杨路提出的想法，三人又把消点法用于非欧几何，在计算机上生成一批非欧几何新定理的可读证明。进一步发展了基于前推搜索的逻辑方法，使这一方法达到实用阶段。

1993 年

12月，张景中被国务院学位委员会批准为博士生导师。

1994 年

张景中与合作者撰写的以消点法为主题的英文专著《*Machine Proofs in Geometry*》(几何中的机器证明)出版。

张景中被中国少年儿童出版社评为十大金作家之一。

1995 年

《"张景中教育数学"丛书》(《教育数学探索》《平面几何新路》《平面几何新

路解题研究》《平面几何新路基础研究》）被评为"第九届中国图书奖"一等奖和"全国数学教育图书奖"一等奖。其成果几何定理机器证明理论与算法新进展获中科院自然科学一等奖。

张景中受聘为广州大学（原广州师范学院）教授。

7月，台湾九章出版社开始用繁体字出版《张景中教育数学丛书》。

10月，张景中当选为中国科学院院士，兼任中国计算机学会理事、中国科协委员。

1996年

年初，在张景中以及相关人员的努力下，广州大学创办了计算机教育软件研究所。

1997年

张景中当选为中共十五大代表，获得中国少年儿童出版社"十大科普金奖作者"称号。

几何定理机器证明理论与算法新进展获得国家自然科学二等奖。

1998年

张景中及其团队开发基于自动推理的教育软件《几何专家》《立体几何》和《解析几何》。

在广州大学创办了软件所信息与计算科学本科试点班。9月招收了第一届"信息与计算科学"本科试点班学生。近年来，培养了本科生、硕士生及博士生多人。

1999 年

张景中当选中国科普作家协会理事长。

2000 年

10 月"Z+Z 智能教育平台—— 平面几何、解析几何"通过了教育部中小学教材审定委员会审查。

时任国家主席的江泽民打电话与张景中讨论一个小时几何问题。

2002 年

张景中在广州大学的支持下，创立了广州景中教育软件有限公司并任公司董事长。

"Z+Z 智能教育平台—— 超级画板"诞生。

《帮你学数学》《数学家的眼光》《新概念几何》再版。

9 月 7 日，张景中受聘为四川师范大学计算机科学学院院长、教授。

12 月 26 日，张景中回到家乡汝南，低调看望 92 岁高龄的父亲及汝南师范语文教师张乐群。其间他白天在医院陪护父亲，晚上回宾馆读书休息。后家乡领导拜访，他为科教发展出谋划策。

12 月 28 日，张景中回到母校汝南高中为师生作报告、题词。

2003 年

元旦后，张景中从汝南回成都前，给汝南县教体局局长霍桂梅写了一封信，表达了对家乡教育的期望和关心。

2004 年

北大数学力学系 54 级校友张景中等重聚未名湖畔。

5 月，广州大学召开中国高等教育学会教育数学专业委员会成立大会暨第一届第一次理事会，张景中被推选为学会理事长。

12 月 20 日，张景中接受北京电视台记者曾涛和人民网记者尹传红采访。

2005 年

张景中科普著作《数学家的眼光》获得国家科学技术进步奖二等奖。

3 月 25 日下午，张景中在中国科技大学作了主题为"几何机器证明及其教育应用"的学术报告。

2006 年

广州大学建立应用数学博士点，张景中任广州大学应用数学博士点的数学机械化的研究与应用研究方向博士生导师，并于 2007 年开始招收该方向的博士生。

3 月，张景中任江西城市学院名誉校长、学术委员会主任。

9月8日，科普专著《数学家的眼光》荣获2005年度国家科学技术进步奖二等奖，广州大学在黄花岗剧院隆重举行庆祝表彰。

11月14日，《大众科技报》在"湖北科技大家"栏目刊出文章《张景中：半个世纪的数学情缘》。

2007年

11月7日，张景中在四川省计算机学会第五次代表大会暨学术报告会上当选为四川省计算机学会第五届理事会理事长。并在大会上作题为《微积分基础的新视角——计算机分析初探》的学术报告。

2009年

到电子科技大学工作，任电子科技大学计算机推理与可信计算实验室主任。

3月6日，张景中在华中师范大学9号楼报告厅为学生作了一场题为《做研究工作的体会》的讲座，从"为什么要做研究""如何着手研究"以及"如何对待研究中的困难"等问题结合自身多年从事数学教学和科学研究的经历为大家作了讲解。

6月3日，张景中受聘广东广雅中学担任科技导师。

9月13日下午，重庆邮电大学聘请张景中出任计算机科学与技术学院院长。

张景中为科学出版社出版的《走进教育数学》丛书写序。

10月，张景中主编《好玩的数学》丛书获"国家科学技术进步奖二等奖"。

10月27日，张景中在天津大学为2009年新入职教师作报告，并与理学院学生进行了座谈。张景中院士与师生们就如何"教好与学好数学"的话题进行了深入的交流和探讨。

11月20日下午，张景中在湖北省云梦县一中作科普报告。

2010年

3月25日，张景中受邀做客电子科技大学讲坛，向同学们讲述了第三代微积分的基本思想。

2011年

在四个月中张景中共八次被南方科技大学聘请讲授数学，旨在培养数学人才。

4月27日，张景中参加由中科院、工程院、科技部等主办，四川（成都）两院院士咨询服务中心、中科院院士工作局成都联络处、四川省计算机学会承办的"科学与中国院士专家巡讲团成都院士讲坛"，作了题为《两个点能相加吗？》的讲座。

5月4日下午，张景中到西关外语学校作"利用'超级画板'软件学习数学"的数学讲座，并为学校题词："培养面向未来、面向世界的现代公民"。

7月29日上午，张景中在嘉兴市为全市各高中参加第27届数学夏令营的

2400 余名师生作了题为《学数学要思考》的科普报告。

9 月 13 日下午，重庆邮电大学聘请张景中出任计算机科学与技术学院院长。

10 月 27 日下午，张景中做客电子科技大学讲坛，在电子科大沙河校区作了"动态几何：数学、科学与艺术"的学术报告。

11 月 15 日，张景中在西南交通大学图书馆一号报告厅作了题为《微分学的故事》的学术报告[①]。

2012 年

4 月 13 日，张景中参加"战略性新兴产业发展高峰"论坛，作题为《文化、教育、信息产业新机遇》的演讲。

5 月 19 日，张景中参加佛山教育博览会组委会在创意产业园 24 号楼三楼会议室 B 室举办的"数学家的眼光——与张景中院士面对面"讲座。

6 月 19 日下午，张景中"院士数学教育创新实验班"授牌仪式在广东省广州市海珠实验中学举行，并为两个数学实验班颁授了"院士数学教育创新实验班"的牌匾。

---

① 此处资料来源于"西南交通大学新闻网"——中国科学院院士张景中来校讲学.

张景中院士主要科普作品

《数学传奇》（1982 年）

《面积关系帮你解题》（1982 年）

《帮你学数学》（1982 年）

《从 $\sqrt{2}$ 谈起》（1985 年）

《数学家的眼光》（1990 年）

《数学与哲学》（1990 年）

《新概念几何》（1997 年）

《数学杂谈》(2005 年)

《从数学教育到教育数学》(2005 年)

……

[此处时间信息参考于左传波老师所著《不一样的张景中》一文]